LE GÉNÉRAL

DE LAMORICIÈRE

ET

L'ARMÉE PONTIFICALE

PAR

PAUL FRAISSYNAUD

PARIS

E. DENTU, LIBRAIRE-ÉDITEUR

PALAIS-ROYAL, 17 ET 19, GALERIE D'ORLÉANS.

—

1863

PRÉFACE

En lisant dans les journaux ou dans les brochures de nuances diverses le récit des événements qui avaient précédé, accompagné et suivi l'arrivée à Rome du général de Lamoricière, lorsqu'il y fut appelé pour prendre le commandement en chef de l'armée pontificale, j'avais été frappé de la partialité qui, dans un sens comme dans l'autre, apparaissait dans tous ces écrits suivant le point de vue où se plaçaient les auteurs de ces publications.

Les faits les plus notoires étaient niés ou défigurés de part et d'autre de la façon la plus passionnée; ce que les uns critiquaient ou approuvaient systématiquement, était systématiquement aussi présenté par les autres sous un aspect tout différent. Il résultait de là que ceux qui, placés à distance, cherchaient à suivre la marche des événements, ne pouvaient jamais se faire une opinion exacte sur la matérialité de faits appréciés si diversement.

J'eus alors l'idée de raconter simplement ce que j'avais été en mesure de voir par moi-même, et de m'attacher avec le plus grand soin à ne rien dire qui pût avoir l'apparence d'un parti pris sur les événements ou d'une attaque contre les personnes.

Il me semblait qu'en suivant cette ligne de modération j'arriverais plus facilement à faire apprécier la situation, et à mettre en évidence cette vérité, selon moi incontestable, qu'en dehors d'une entente étroite, d'une entente sans arrière-pensée, avec la France et avec son souverain, qui s'honore du titre de fils aîné de l'Église, la Papauté ne saurait trouver aujourd'hui que des appuis peu solides pour ne pas dire dangereux.

L'accueil bienveillant qui fut fait à ma publication par des hommes honorables de tous les partis, lorsqu'elle parut pour la première fois dans la *Revue contemporaine*, m'a fait penser que j'avais suivi une bonne voie, et m'a encouragé à réunir mes articles en un petit volume.

Le petit livre sera-t-il accueilli avec la même faveur que l'ont été les articles de la *Revue*? C'est ce que j'ignore; dans tous les cas, je serai suffisamment récompensé de mon labeur, s'il peut me concilier l'estime de mes lecteurs.

LE GÉNÉRAL

DE LAMORICIÈRE

ET

L'ARMÉE PONTIFICALE

I

Deux personnages bien connus, Son Éminence le cardinal Antonelli et M. de Mérode, se partagent, nous dirons même se disputent, la prépondérance dans les conseils du Souverain-Pontife.

Or, comme tous les deux n'ont pas apprécié de la même manière la levée de boucliers dont le résultat s'est traduit si tristement par le désastre de Castelfidardo, il convient d'esquisser, à grands traits, la politique particulière à chacun de ces deux conseillers du Saint-Père, et les caractères généraux de l'antagonisme qui existe évidemment entre eux sur plusieurs points.

Le premier, Italien et fils de ses œuvres, homme d'État très-éminent, et, selon nous, très-calomnié, considère la souveraineté territoriale comme un élément essentiel de l'indépendance du chef de la catholicité. A ses yeux, la plus petite parcelle du patrimoine pontifical ne saurait être cédée par celui qui n'en est que le détenteur temporaire, et il ne croit pas qu'une constitution, quelle qu'elle soit, qui n'émanerait pas du *proprio motu*, puisse être autre chose qu'une dérogation funeste au dogme de l'infaillibilité du successeur de saint Pierre. Ces convictions, appuyées sur un mérite réel, lui ont valu le poste important qu'il occupe et auquel il tient beaucoup. S'attendre à des concessions volontaires de sa part, serait une illusion. Il ne cédera qu'autant qu'il y sera contraint par la force des choses ; mais comme le cardinal est d'une habileté pratique incontestable, il n'est pas impossible qu'on puisse s'entendre un jour avec lui, s'il lui est démontré que la Papauté se trouve en face de circonstances impérieuses qui la mettent dans la nécessité d'entrer dans les voies de la conciliation. Voyant, avant tout, dans le Souverain-Pontife, le chef de l'universalité des catholiques, sans distinction de castes ou de pays, il entend bien qu'on assure au Pape une position aussi grande qu'indépendante ; mais comme sa politique est relativement progressive, comme il sait tenir compte des événements contemporains, il a toujours regretté que la question romaine ait été mêlée aux querelles internationales des différents peuples de l'Europe, parce que sa politique, bien appréciée, consiste à faire comprendre au Souverain-Pontife qu'il doit rester étranger à tous ces conflits.

Profondément reconnaissant, quoi qu'on puisse dire, des grands services rendus au pouvoir pontifical par Napoléon III, et de la protection que ce souverain accorde à la religion en France, le cardinal Antonelli met tous ses soins à concilier les principes qu'il veut faire prévaloir avec les conseils qui lui sont donnés par nos ambassadeurs, et, lorsque ces conseils sont en contradiction formelle avec ses convictions personnelles, il fait en sorte d'éviter que ses paroles ou ses actes puissent blesser la France ou son souverain. Nous pouvons nous tromper, mais nous pensons que, si on réussit un jour à résoudre à l'amiable la question romaine, le cardinal Antonelli aura beaucoup contribué à amener cette solution.

Peut-on en dire autant de son compétiteur, M. de Mérode ? On ne saurait le prétendre. M. de Mérode appartient à une famille considérable de la Belgique, dont le chef est mort en soldat en 1830, à la tête de son pays soulevé contre la Hollande, au nom de l'indépendance nationale et de la religion catholique. Le futur prélat débuta dans la carrière militaire, comme officier, au service de la France, dans la légion étrangère, sans renoncer toutefois à sa nationalité. En 1849, un événement dont le caractère n'a jamais été bien déterminé, le força, dit-on, à quitter la Belgique. Il se réfugia à Rome, entra dans les ordres, et fit preuve de dévouement en soignant nos soldats blessés, ce qui attira sur lui l'attention du Saint-Père et lui valut la faveur d'être admis comme camérier (chambellan) auprès de Sa Sainteté.

D'un esprit vif et brillant, d'une activité infatigable, M. de Mérode, qui cependant avait à se faire pardonner la laideur de sa figure, la pétulance presque maladive de son caractère et surtout peut-être son ignorance des finesses de la langue italienne, fit des progrès rapides dans la confiance du Souverain-Pontife, dont il devint promptement le conseiller le plus intime. Or, M. de Mérode ne se place pas au même point de vue que le cardinal Antonelli. Selon lui, le sort de la Papauté est lié à celui de tous les prétendants dont les titres reposent sur l'ancien principe du droit divin, et si son hostilité passionnée se dirige plus particulièrement contre l'Empereur des Français, c'est d'abord parce que la souveraineté de Napoléon III découle du suffrage universel, ce qui est à ses yeux un vice originel que rien ne saurait racheter. C'est ensuite parce qu'il voit en lui la personnification la plus considérable et la plus complète des principes sur lesquels reposent les gouvernements de nouveau régime. Il convient d'ajouter, qu'en sa qualité de Belge, M. de Mérode éprouve une certaine sympathie pour les princes de la famille d'Orléans, avec lesquels il a entretenu des relations honorables, mais comme ses souvenirs de famille, ses alliances légitimistes le rattachent également à la cause de la branche aînée, il en résulte que ces attractions en sens divers ont fait de lui un des plus ardents apôtres de la fusion. A son point de vue, les mêmes tendances qui ont amené la chute des deux dynasties poursuivent le chef de l'Église. Ce sont donc les partisans de l'une et l'autre cause qu'il faut appeler au secours du Pape, et il se pose hardiment comme l'adversaire de Napoléon III, auquel, selon lui, le Saint-Père ne doit aucune reconnaissance.

II

Dans les premiers mois de 1860, M. de Mérode était arrivé à l'apogée de son influence. On boudait la France, parce qu'elle n'avait pas repris les armes pour faire exécuter jusqu'au bout les conventions de Villafranca et de Zurich. Mécontent, comme toujours, de voir le Pape obligé de subir la protection des aigles françaises, M. de Mérode conçut le projet audacieux de l'affranchir de cet appui embarrassant pour sa politique particulière. L'ancien soldat se réveilla; il offrit au Pape de mettre son armée sur un pied tel qu'elle pût, au besoin, protéger le Souverain-Pontife sans le concours de la

France, et lui permettre même, ainsi qu'à ses alliés politiques, de reconquérir plus tard ce qu'on avait perdu. En agissant ainsi, M. de Mérode ne s'était peut-être pas suffisamment préoccupé des intérêts de la Papauté ; mais c'est là précisément ce qui distingue sa politique de celle du cardinal Antonelli. Autant le cardinal, dans l'intérêt exclusif de la catholicité, s'attache à isoler la cause du Pape de toute autre cause plus ou moins compromettante, autant M. de Mérode, dans un intérêt plus politique que religieux, cherche à confondre la cause du Pape avec celle de toutes les légitimités de droit ancien.

Avec la connaissance qu'on a de ces deux caractères, on peut affirmer avec certitude que la proposition de M. de Mérode rencontra dans le cardinal un contradicteur d'autant plus sérieux, qu'au point de vue de sa position personnelle, le cardinal devait en redouter également la réussite et l'insuccès.

Si, en effet, les plans développés par M. de Mérode étaient destinés à amener les grands résultats annoncés par lui, il était évident que leur succès assurerait à leur auteur une situation exceptionnelle devant laquelle toute autre influence serait obligée de s'effacer, ce qui, très-certainement, devait être accepté difficilement par un homme de la valeur du cardinal. D'un autre côté, l'insuccès présentait aussi ses périls ; car il était facile de prévoir qu'il entraînerait après lui une nouvelle diminution de la puissance temporelle du Pape, dont le mauvais effet rejaillirait non-seulement sur l'autorité du chef de la catholicité, mais encore sur la position de tous ses conseillers. Il est donc bien évident que, dans un cas comme dans l'autre, le cardinal Antonelli ne dut pas laisser passer sans la combattre la proposition de M. de Mérode ; mais M. de Mérode sut tirer habilement parti des impressions du moment et finit par l'emporter.

A cette même date de 1860, la diplomatie paraissait avoir un peu calmé l'effervescence des têtes italiennes. Rien ne faisait pressentir alors l'orage qui allait éclater prochainement dans l'Italie méridionale ; aussi le gouvernement français accéda-t-il avec empressement au désir qu'exprima le gouvernement pontifical de voir la France retirer ses troupes. En rappelant ses soldats, le gouvernement français réalisait d'abord une économie qui avait bien son intérêt ; en second lieu, il dégageait sa responsabilité vis-à-vis du gouvernement pontifical, qui ne se servait de la protection de la France que pour repousser avec plus de sécurité les conseils qui lui étaient donnés. Il fut donc résolu que les troupes françaises quitteraient les États-Romains aussitôt que l'armée pontificale serait en mesure de faire face à toutes les éventualités.

Dès l'abord, M. de Mérode se fit attribuer le poste de pro-ministre des armes (ministre de la guerre), ce qui n'avait rien d'étonnant à Rome, où un ecclésiastique a toujours occupé ce poste ; puis, voulant mettre à la tête de l'armée un général dont le renom attirât sur elle un brillant éclat, il fit d'abord des ouvertures au général Oudinot, qui avait à ses yeux le double mérite d'avoir rendu au Pape la ville éternelle et de ne s'être pas associé au mouvement napoléonien ; mais le général Oudinot comprit facilement quel était le rôle qu'on voulait lui faire jouer, et il déclina la mission dont on voulait l'honorer. Ce fut alors que M. de Mérode s'adressa à un autre général, que rien, jusque-là, ne paraissait désigner comme un défenseur du trône et de l'autel : nous avons nommé le général Juchault de Lamoricière.

Quels furent les arguments employés par M. de Mérode pour entraîner la décision de l'illustre général? Lui parla-t-il des intérêts de la religion menacés? Cela est possible ; mais nous sommes très-disposé à croire qu'il eut recours à d'autres moyens de séduction un peu plus en rapport avec le caractère connu, et, pourquoi ne pas le dire? avec les ressentiments hautement avoués du bouillant général. Quoi qu'il en soit, le général accepta et se rendit aussitôt à Rome. Le gouvernement français, qui tenait avant tout à ne pas paraître apporter des entraves à la réalisation des projets belliqueux du Saint-Siége, s'empressa d'accorder au général de Lamoricière l'autorisation d'entrer au service du Souverain-Pontife, sans même exiger que la demande d'autorisation lui fût adressée directement par le général.

Examinons maintenant quels étaient les éléments qui furent mis à sa disposition.

III

L'armée du Pape avait disparu d'une façon si complète, dans la tourmente de 1848-1849, que ce fut seulement au bout de quelques années que le général de Montréal, commandant à Rome le corps français d'occupation, put s'occuper utilement de l'organisation d'une nouvelle armée romaine, pour laquelle on adopta naturellement les cadres, les théories et presque les uniformes des troupes françaises, mais à laquelle on ne put malheureusement donner l'esprit français. Lorsque cette armée fut placée, en 1860, sous les ordres du général de Lamoricière, elle se composait : 1° de trois à quatre mille gendarmes à cheval ; 2° de trois corps étrangers, savoir : deux régiments d'infanterie et un bataillon de tirailleurs ; 3° de trois corps indigènes, savoir : deux régiments d'infanterie et un bataillon de chasseurs à pied ; 4° de quelques dragons ; 5° de trois ou quatre batteries en très-mauvais état ; 6° de quelques soldats de milice et de quelques invalides. Tout cela présentait un effectif de douze mille hommes environ.

Les gendarmes pontificaux étaient poursuivis non-seulement par l'impopularité qui atteint toute gendarmerie dans les pays où pullulent les bandits, mais encore, il faut bien le dire, par la réprobation de toutes les classes de la population qui, pour en mieux faire apprécier le caractère, affectait d'entourer de ses sympathies les gendarmes français. Il se mêlait très-probablement à ces manifestations une pensée d'opposition au gouvernement pontifical; mais il faut reconnaître que cette hostilité, à l'égard des gendarmes pontificaux, pouvait cependant s'expliquer d'une autre manière. On leur reprochait, en effet, d'être recrutés en partie dans les bagnes, qui, à vrai dire, ne sont pas stigmatisés dans les États-Pontificaux comme le sont en France les bagnes français; de partager peut-être le produit des vols avec les bandits, leurs anciens complices; d'éviter trop souvent de les rencontrer, et d'éprouver, à leur aspect, une terreur égale à celle que leur inspirait la madone; enfin, d'être commandés par un chef auquel on pouvait opposer des antécédents judiciaires de la nature la plus fâcheuse.

Les trois corps étrangers, dits *régiments suisses*, comptaient cependant dans leurs rangs un grand nombre de Bavarois et de Wurtembergeois. Le bataillon des tirailleurs, en garnison à Ancône, se recrutait même, en grande partie, à Trieste, par les soins du gouvernement autrichien. Ces mercenaires, particulièrement ceux qui composaient les deux régiments d'infanterie, avaient presque tous promené leurs uniformes dans la légion étrangère à la solde de la France ou dans les casernes de Naples. Ils possédaient quelques-unes des qualités des vieux soldats : résistance à la marche et à la fatigue, solidité au feu, aptitude à se débrouiller en campagne ; mais, à côté de ces qualités, que de vices rongeaient ces deux régiments, surtout depuis que les armes des cantons suisses avaient dû disparaître de leurs drapeaux !... Rebut de toutes les armées, ils avaient saccagé Pérouse comme de vieux lansquenets. N'ayant rien à perdre et tout à gagner au désordre, ils s'inquiétaient peu de soulever contre eux la colère des populations. On a vu plus tard comment ces vieilles bandes, qui, bien commandées et soumises à une discipline sévère, auraient pu former des troupes d'élite, ont compris leurs devoirs sur le champ de bataille de Castelfidardo !

Les officiers, qui étaient impuissants à faire entendre la voix de l'honneur à de pareils hommes, se divisaient en deux catégories très-distinctes : les uns, anciens soldats et officiers de fortune, savaient qu'ils ne devaient compter sur aucune retraite, et qu'ils ne pouvaient aspirer aux grades supérieurs, réservés toujours à des nouveau-venus qui arrivaient là d'emblée. Leur unique souci était donc de se maintenir, le plus longtemps possible, dans leur position, que le gouvernement pontifical, ennemi de toute innovation, se gardait bien de leur enlever. Oublieux de leur dignité, ils vivaient misérablement, par économie, à la cantine, au milieu de leurs subordonnés, en faisant des épargnes pour leurs vieux jours. La seconde catégorie d'officiers se composait de jeunes gens imberbes appartenant à des familles riches, qui ne devaient leurs épaulettes qu'à la faveur ou à des sacrifices d'argent qu'ils avaient faits pour amener avec eux un certain nombre de recrues. Étrangers à toutes les habitudes militaires, ces jeunes officiers passaient tout leur temps dans les cafés, dans les restaurants, et se reposaient complétement sur leurs inférieurs du soin de conduire leurs soldats.

Les trois corps indigènes, recrutés aussi par des enrôlements volontaires, présentaient un effectif encore plus réduit que les corps étrangers, parce que le service militaire (on le comprendra facilement) est peu recherché dans un pays où l'état ecclésiastique ouvre seul la porte des honneurs ou de la considération. Les malheureux qui composaient la partie italienne de l'armée pontificale n'étaient engagés que pour deux ans, et cependant ils n'avaient pris le parti de s'enrôler que poussés par la misère. Plus doux que les soldats étrangers, ils n'en avaient ni le courage ni l'attitude militaires, et ils étaient tellement dominés par leurs anciennes habitudes, qu'on les voyait recourir plus souvent à leurs couteaux qu'à leurs sabres, lorsqu'il s'agissait de vider leurs querelles ou de veiller à leur défense personnelle.

Ces corps indigènes étaient aussi commandés par des officiers qui ne présentaient aucune des aptitudes qui font le soldat. Sortis généralement de la petite bourgeoisie romaine, élevés à l'honneur de l'épaulette par le crédit des hommes puissants dont leurs familles étaient les clientes, sans aucuns antécédents militaires, ces officiers ne possédaient ni l'amour ni l'orgueil de leur état. Ils vieillissaient dans leurs grades, malgré leur incapacité notoire, comme des employés de bureau vieillissent dans leurs emplois. Tous étaient mariés; car c'est là une obligation imposée à tout laïque, quel que soit son âge, qui est admis à servir le gouvernement pontifical à un titre quelconque, ce qui les exposait à être assaillis par toutes les inquiétudes qui assiégent l'homme pauvre chargé de famille. Chacun d'eux vivait donc dans sa famille d'une façon plus ou moins misérable, et sa grande affaire était de la faire vivre. C'était vraiment pitié de voir le matin ces étranges officiers faire eux-mêmes leur marché sur la place Navone, revêtus des insignes de leurs grades, et d'un uniforme qui n'était pour eux qu'un vêtement sans signification particulière.

Les troupes d'artillerie présentaient les cadres de trois ou quatre batteries dépourvues de chevaux, de caissons, nous dirons presque de canons.

Recrutée de la même manière que les autres troupes indigènes, cette artillerie avait le même esprit et ne pouvait pas présenter plus de consistance. Depuis longtemps, elle était en garnison à Viterbe, et, comme les simples artilleurs étaient autorisés à contracter mariage, les grands bâtiments consacrés au casernement des troupes furent aussi affectés au logement de leurs femmes et de leurs enfants. Un des premiers soins du général de Lamoricière fut d'appeler à Rome cette artillerie pour la réorganiser, et l'on vit alors les familles des artilleurs se placer derrière les convois qu'elles suivaient péniblement; c'était un spectacle fort triste et qui n'avait rien de militaire.

Tout le monde a entendu parler des dragons du Pape. C'était, jusqu'en 1859, la seule troupe qui guerroyât sérieusement contre les brigands qui de tout temps ont affligé la campagne de Rome. Contrairement à ce qui se passait dans les autres corps, l'avancement se faisait dans le régiment même, et les officiers, qui vivaient militairement en commun, étaient les seuls avec lesquels les officiers français entretinssent des relations amicales. C'était là, il faut le dire, un beau régiment, qui avait conscience de sa valeur et qui en était fier, mais qui voyait d'un mauvais œil les priviléges accordés à la gendarmerie, et manifestait à cet égard un vif mécontentement, dont on n'avait pas tenu un compte suffisant. Lorsque la guerre avait éclaté entre l'Autriche et le Piémont, les dragons du Pape avaient compris, comme tous les Italiens, que le sort de l'Italie entière était en jeu dans cette lutte, et la plupart avaient couru se placer à côté des soldats de Victor-Emmanuel. On les avait vus alors déserter, pour ainsi dire, par pelotons, avec armes et bagages, non pour s'approprier leurs effets d'équipement et les dissiper follement, mais pour aller réclamer, en bon ordre, leur place de bataille dans les rangs de l'armée italienne. Le gouvernement pontifical, vivement alarmé de cette défection, avait pris aussitôt des mesures et avait imprudemment versé dans la gendarmerie les dragons restés au corps, ce qui avait eu pour résultat immédiat de faire déserter la plus grande partie de ceux qui avaient hésité jusque-là à prendre ce parti. Force avait donc été de licencier ce beau régiment, dont l'effectif se trouvait réduit à une soixantaine d'hommes auxquels on faisait faire un service d'ordonnance et de police.

C'est seulement pour mémoire que nous avons parlé des soldats de milice et des invalides. Les premiers ne pouvaient rendre aucun service, même à l'intérieur ; quant aux invalides, qui d'ailleurs étaient en petit nombre, ils étaient préposés à la garde des côtes et des bagnes, et on ne songea même pas à eux pour faire la guerre.

IV

Le général de Lamoricière s'attacha d'abord à composer son état-major. A ne considérer que la valeur des officiers dont il s'entoura, il faut constater que ses choix furent presque tous excellents, mais il faut reconnaître aussi qu'ils avaient une signification essentiellement politique qui devait nécessairement blesser le gouvernement français, ce qui était une première faute.

M. le marquis de Pimodan, dont tout le monde connaît la mort héroïque, fut appelé au poste important de chef d'état-major, avec le grade de colonel. C'était incontestablement un militaire brave et intelligent. Animé de convictions sérieuses, il cachait sous les formes les plus affables une science profonde et une énergie remarquable. M. de Pimodan, qui avait été élevé à la rude école des cadets autrichiens, avait conquis tous ses grades sur les champs de bataille de l'Italie et de la Hongrie, au service de l'Autriche. Parvenu au grade de lieutenant-colonel, il était revenu en France peu de temps avant la dernière guerre d'Italie, pour n'avoir pas à porter les armes contre ses compatriotes.

Le lieutenant-colonel Zappi, Allemand d'origine, mais déjà au service du Pape, fut nommé sous-chef d'état-major. C'était un militaire d'un esprit peu élevé, mais exact et connaissant son métier.

Un gentilhomme breton, précédemment au service du duc de Toscane, M. de Chevigné, fut nommé capitaine d'état-major et aide de camp du général en chef. Myope, pâle et petit, par conséquent d'un extérieur peu militaire, M. de Chevigné sut prouver cependant, par son intelligence, sa fermeté et son dévouement à son général, qu'il ne fallait pas le juger sur la mine.

M. de Mortiller et le prince italien Odeschalchi furent désignés pour les fonctions d'officiers d'ordonnance. Le premier, qui était un protégé de M. de Mérode, dont il est le compatriote, sortait de notre 1er régiment étranger, où il avait servi honorablement et acquis le grade de capitaine. Le second était capitaine de dragons au service de l'Autriche : c'était un officier de la plus belle apparence, aussi fier de son nom que de son grand air aristocratique, ce qui est assez rare chez les nobles italiens.

Enfin l'état-major fut complété par deux officiers qui y furent attachés en qualité de capitaines d'état-major. L'un était un ancien abbé romain, M. le comte X..., qui avait renoncé à l'habit ecclésiastique pour endosser l'uniforme et était devenu un militaire très-capable. L'autre était un jeune officier d'infanterie qui avait servi dans l'armée du duc de Parme.

Une fois l'état-major constitué, on se mit résolument à l'œuvre. Même avant l'arrivée du général de Lamoricière, M. de Mérode avait déjà décrété la formation de deux nouveaux bataillons de chasseurs à pied; l'un étranger, pour le recrutement duquel on devait faire encore appel à la bonne volonté de l'Autriche; l'autre indigène. De plus, il avait été ordonné aux agents de recrutement de Marseille et de Pontarlier de redoubler de zèle dans l'accomplissement de leur mission.

Mais il ne suffisait pas de décréter la formation de nouveaux bataillons, il fallait de l'argent pour équiper les hommes et pour les faire vivre; il en fallait aussi pour faire face à tous les autres services : or, toutes les caisses étaient vides. Ce fut alors qu'un cri de détresse retentit dans toute la chrétienté, cri auquel répondit Monseigneur l'évêque d'Angers par l'organisation du denier de saint Pierre. Bientôt on quêta dans toutes les églises catholiques. Ces quêtes furent productives, et, comme on ne pouvait pas trop compter sur le dévouement des sujets du Pape, on demanda des soldats à toutes les parties du monde.

Personne ne s'y trompa : l'intérêt catholique fut promptement éclipsé par la passion politique, et si la France fut la nation qui envoya le plus de champions à Rome, ce fut d'abord parce qu'un général français d'un grand renom avait été placé à la tête de l'armée du Pape; ce fut ensuite parce qu'on trouvait ainsi le moyen de faire sans péril, à l'étranger, une manifestation de parti à l'encontre du gouvernement français : cela avait bon air et posait convenablement dans un certain monde. On vit donc accourir à Rome une foule de jeunes Français, dont quelques-uns portaient de grands noms. La Belgique fournit aussi son contingent.

Ces nouveaux croisés commencèrent par entourer de telle sorte le général de Lamoricière, qu'il devint très-difficile de traverser le cordon qu'ils avaient organisé autour de lui. Ils répétaient avec affectation que lui aussi était gentilhomme ; qu'enfant de la Bretagne, il tenait, par ses alliances, aux plus nobles familles de cette terre classique de la fidélité. Ils célébraient avec fracas son retour aux vieilles traditions, et firent si bien que le général, entraîné sans doute plus loin qu'il ne l'aurait voulu par ces empressements intéressés, finit par ne voir que par les yeux de ses nouveaux amis.

Ceux-ci, sous le nom de volontaires à cheval, se constituèrent immédiatement les gardes du corps du commandant en chef, qui paraissait fier de ce noble entourage. Ils s'improvisèrent un uniforme copié sur celui de nos officiers d'état-major en Afrique : képi rouge, spencer bleu foncé et pantalon garance à bande noire, le tout gracieusement orné des insignes du grade de sous-lieutenant. M. le comte de Bourbon-Chalus, gentilhomme du Bourbonnais, du caractère le plus honorable, qu'un affreux malheur de famille venait de frapper, et qui cherchait à Rome un adoucissement à ses douleurs dans l'accomplissement de ce qu'il croyait être un devoir, eut le commandement de cette jeunesse blasonnée, qui ne reçut aucune solde, qui fut obligée de pourvoir à tous ses besoins, de s'équiper, et dont les chevaux seulement furent nourris par le gouvernement pontifical. Être en mesure de s'équiper, porter un nom noble et afficher une vive hostilité contre le gouvernement français, telles étaient les conditions exigées pour que l'on fût admis dans ce brillant escadron. Quant aux croyances et pratiques religieuses, on n'en parlait pas beaucoup ; peut-être même eût-il été dangereux de se montrer trop difficile à cet égard, car les volontaires de cette catégorie étaient presque tous des sportsmen très-connus, des habitués du turf, des hommes de plaisirs ; jeunes gens très-braves, très-brillants, sans doute, mais d'une orthodoxie suspecte. Presque tous ne voyaient dans leur croisade qu'un moyen de se procurer une agréable distraction. L'un d'eux, et ce n'était ni le moins zélé ni le moins brave, disait souvent, avec une bonhomie charmante, qu'il était venu à Rome en attendant l'ouverture des chasses. La bataille de Castelfidardo, à laquelle il assista en homme de cœur, vint justement lui laisser sa liberté à l'époque qu'il avait fixée.

V.

Ce qui s'est passé à Rome en 1860 a été la reproduction en petit de tout ce qui s'était passé à Coblentz en 1792 : mêmes prétentions, mêmes inconséquences de la part des gens qui, plus que d'autres, avaient intérêt à ouvrir leurs rangs à ceux qui offraient de défendre le drapeau qu'ils avaient arboré. A côté des volontaires titrés se trouvaient des volontaires qui ne l'étaient pas et que les premiers affectaient de tenir à distance. Dans les deux catégories on pouvait en citer quelques-uns qui n'étaient, après tout, que des hommes déclassés, comme on en rencontre partout où les événements politiques paraissent offrir une chance à leur activité. Aventuriers de toutes les nations à la recherche d'une position sociale, ils faisaient grand étalage de capacités et de dévouements très-problématiques, et assiégeaient l'état-major et le pro-ministre de leurs prétentions.

Mais cette élégante jeunesse, ces hommes plus ou moins déclassés, ne pouvaient composer une armée, car tous voulaient être officiers, et si le général de Lamoricière se laissait un peu trop circonvenir par ceux qui portaient des noms patriciens, M. de Mérode, d'un caractère moins facile, réagissait, il faut le reconnaître, contre ces tendances. Pour lui, tout

3

volontaire devait faire abnégation de sa personnalité et accepter sans contestation la position qui lui était offerte. Personne ne trouvait grâce devant lui, pas même le comte de Christen, qui certainement, en raison de son courage à toute épreuve, méritait qu'une exception fût faite en sa faveur, et qui expie aujourd'hui, dans les prisons de Naples, son dévouement à la cause des Bourbons.

Fils d'un ancien colonel d'un des régiments suisses au service de France sous la Restauration, allié aux premières familles de la Franche-Comté, aux Levis et aux Mirepoix, dans le Midi, M. de Christen était un légitimiste passionné, connu depuis longtemps par l'éclat de ses duels. Parvenu au grade de lieutenant dans les chasseurs à pied, il avait dû quitter les rangs de l'armée française à la suite de plusieurs affaires malheureuses et d'un démêlé très-vif avec le général Féray. Quoique parent de M. de Christen, M. de Mérode était tellement décidé à ne pas faire des officiers sans soldats, qu'il ne lui offrit qu'une place de sergent dans un des bataillons des chasseurs à pied. M. de Christen sortit furieux de l'audience où cette proposition lui avait été faite, et alla grossir les rangs des mécontents que l'inflexibilité du prélat avait suscités de toutes parts.

M. le colonel Morgan, un des héros de Balaclava, et M. le comte de Puyféra, ancien maréchal-deslogis des chasseurs d'Afrique, ne furent pas plus

heureux dans leurs démarches. En agissant ainsi,
M. de Mérode, dont le caractère est très-anguleux,
affectait de suivre une marche opposée à celle du
général de Lamoricière, pour qu'il fût bien constaté
qu'il n'était pas ministre pour la forme. Nous avons
dit plus haut que personne ne trouvait grâce devant
lui ; cependant, cédant à une considération qui avait
sans doute à ses yeux une certaine importance, il
fit une exception en faveur de deux sous-officiers
des tirailleurs algériens et des zouaves, dont l'un
était M. de Sisson, neveu de l'honorable abbé de ce
nom, alors directeur du journal l'*Ami de la Religion*, et l'autre M. Lambert, camarade du premier.
Ils furent nommés tous les deux sous-lieutenants,
ce qui excita des mécontentements d'autant plus
vifs que pareille faveur n'avait pas été faite à plusieurs officiers qui n'avaient quitté le service de la
France qu'à la condition d'être employés dans leurs
grades ou même avec avancement dans l'armée pontificale.

Au milieu de toutes ces difficultés, le pro-ministre ne restait pas inactif ; il employait, au
contraire, toute son énergie à utiliser les ressources dont il disposait et à en créer de nouvelles.
Il fallut lutter d'abord contre certaines tendances
de l'entourage du Pape à employer le produit du
denier de saint Pierre en œuvres pies, telles que
l'achèvement de Saint-Pierre-hors-Murs, et la béa-
tification du bienheureux Labré. Il fallut faire

comprendre que ces fonds étaient indispensables
pour l'achat des chevaux et des équipements nécessaires à la réorganisation des dragons et à la création
de quelques escadrons de cavalerie légère. M. de
Mérode résista de toutes ses forces, et non sans
succès, aux mesures qui pouvaient avoir pour résultat de donner à cet argent, si péniblement
recueilli, une autre destination.

Le prince Odeschalchi fut désigné pour com-
mander les dragons, avec le grade de major. La
formation d'une cavalerie légère était une porte
ouverte à l'ambition des jeunes gentilshommes
qui entouraient le général de Lamoricière, et qui
étaient très-disposés à croire qu'il suffit d'être
brave et de savoir monter à cheval pour être officier de cavalerie. Mais M. de Pimodan, qui parta-
geait la manière de voir du pro-ministre à l'égard
de ces jeunes gens, s'entendit avec lui et choisit
exclusivement ses premiers cavaliers parmi les recrues autrichiennes d'Ancône et les dirigea sur
Viterbe au nombre de quatre-vingts environ, sous
les ordres d'un bon officier de cavalerie autrichienne, M. le comte Palffy, qui fut chargé de les
organiser en chevau-légers.

L'artillerie réclamait aussi les soins de M. de Mérode. Un officier français, directeur du parc de
l'armée d'occupation à Rome, M. le capitaine de
Blumensthil, fut mis à la tête de cette arme spéciale, avec le grade de lieutenant-colonel. M. de

Blumensthil, établi depuis longtemps à Rome, où il s'était créé une famille, demanda d'abord à être employé comme officier en mission auprès du gouvernement pontifical. M. le maréchal ministre de la guerre répondit par un refus positif à cette demande, en exprimant, dit-on, son regret que le général de Goyon s'en fût fait l'intermédiaire en lui prêtant son appui. M. de Blumensthil se décida alors à envoyer sa démission ; mais l'acceptation de cette démission s'étant fait attendre, on assista au spectacle assez bizarre d'un officier français commandant l'artillerie pontificale en qualité de lieutenant-colonel, et restant en même temps directeur du parc de l'armée française comme simple capitaine.

VI

Nous avons déjà vu que, dès l'origine et avant même l'arrivée du général de Lamoricière, on avait décrété la création de deux nouveaux bataillons de chasseurs à pied ; mais les décrets ne donnent pas des soldats, et pour s'en procurer M. de Mérode ne cessait de faire de pressants appels à la Belgique et à l'Irlande, qui réservaient de grands mécomptes à la Papauté. Les enrôlements suisses, sur lesquels on avait fondé de grandes espérances, n'étaient pas nombreux ; ils suffisaient à peine pour combler les vides faits par les désertions, et les volontaires disposés à servir comme simples soldats n'arrivaient pas. Le prince Ghigi et le prince Rospigliosi s'étaient bien engagés, l'un dans l'artillerie, l'autre dans les dragons ; mais leur exemple ne trouvait pas d'imitateurs dans la noblesse romaine.

On le voit, la croisade entreprise par M. de Mérode n'obtenait pas le succès sur lequel il avait compté, et pour l'observateur impartial, le véritable échec qui a été subi par la Papauté, dans ces circonstances critiques, a trouvé un moins éclatant témoignage dans la perte de la bataille de Castelfidardo que dans le petit nombre de défenseurs dévoués qu'elle a pu mettre en ligne après six mois d'appels incessants, adressés par elle à tous les catholiques du monde. Cet isolement a été d'autant plus significatif, qu'à la même époque un soldat de fortune, parlant au nom de l'indépendance nationale et en s'abritant sous le nom populaire de Victor-Emmanuel, n'avait eu qu'à frapper du pied la terre italienne pour en faire sortir une foule de soldats à la tête desquels il s'était emparé en courant de tous les États napolitains.

Toutefois, à côté de cette tiédeur de la catholicité, sollicitée de verser son sang pour la Papauté, il convient, pour être juste, de faire une exception honorable en faveur de quelques jeunes gens dont la noble émulation ne doit pas rester dans l'oubli.

Quelque temps après l'appel fait à tous les catholiques, on avait vu arriver à Rome un certain nombre de jeunes gens, presque des enfants, dont quelques-uns étaient même accompagnés par leurs parents ou leurs précepteurs. Élevés au foyer domestique ou sortant de maisons d'éducation dirigées par des prêtres, pleins de cœur et d'illusions, simples et croyants, ces jeunes gens étaient les seuls qui fussent prêts à faire tous les sacrifices, même celui de leur vie, pour leur foi politique et religieuse. M. de Mérode comprit tout le parti qu'il pouvait tirer de ces jeunes dévouements. Mettant en œuvre toute sa dextérité, n'épargnant ni les compliments ni les promesses, il annonça à ces braves enfants qu'il les destinait à former un bataillon à part, dans lequel nul ne pourrait être admis sans leur consentement. Il fit miroiter la perspective de l'épaulette pour ceux qui feraient preuve de capacité, et fit si bien, qu'il les décida à s'enrôler comme simples soldats.

Tel fut le noyau du bataillon des zouaves pontificaux, bien plus dignes de notre admiration que de nos railleries! Si les idées de ces soldats de la foi étaient étroites, leurs cœurs étaient grands. Si dans le principe, tout pleins de l'orgueil de caste, ils refusaient d'ouvrir leurs rangs à quelques Français bien élevés, mais qui n'avaient pas un nom noble à mettre à côté des leurs, ils se montrèrent ensuite plus tolérants, et tout le monde doit leur rendre cette justice, qu'ils se plièrent avec une abnégation admirable à toutes les exigences du service militaire. Ne reculant devant aucune fatigue, devant aucune corvée, ils devinrent bien vite de bons soldats, et introduisirent dans le corps qu'ils fondèrent un esprit de discipline et de dévouement qui en fit un corps modèle le jour de la bataille. Honneur donc à ces d'Albiousse, à ces Goesbriant, de Villers, de Villèle, de la Villebrune, de Montcuit! honneur à tous ces jeunes gens de cœur, héros modestes! Sans eux, sans leur belle attitude au jour du péril, les généraux du Souverain-Pontife n'auraient pas pu lui dire après le désastre de Castelfidardo : « Tout est perdu fors l'honneur! »

VII

Le général de Lamoricière, en arrivant à Rome, s'était attaché à se rendre compte par lui-même de la situation, au double point de vue des hommes et des choses. Procédant avec l'activité qu'on lui connaît, il avait immédiatement visité les casernes et les arsenaux, il s'était fait présenter tous les officiers de l'armée pontificale; mais l'état déplorable de tous les établissements, les vices de l'organisation militaire, les dilapidations endémiques dans l'administration et l'incapacité des chefs, lui firent

éprouver un mécontentement tellement vif qu'il ne
chercha pas à en ménager l'expression. Un fait
suffira pour donner une idée de la manière dont les
choses se passaient. Lorsque les dragons avaient
été licenciés, on avait vendu leurs casques, désor-
mais sans emploi, à l'impresario du théâtre Apol-
lon, au prix apparent de 3 paoli (1 fr. 50 c. environ)
la pièce. Le général de Lamoricière, voulant réorganiser ce corps, avait ordonné d'annuler le marché.
Ce fut alors qu'on apprit qu'en réalité l'acheteur
avait payé chaque casque 12 paoli (6 francs environ). Où avait passé la différence ?

Les généraux suisses Schmith et Kalbermathen
furent les plus exposés à la colère du commandant
en chef, ainsi que le général espagnol Gregorio,
ancien officier carliste, qui se faisait cependant remarquer par son enthousiasme pour les volontaires
qui venaient offrir leurs services au Souverain-
Pontife. Le général de Lamoricière s'en prenait
naturellement aux chefs, qui, avec un peu plus de
sévérité dans leur surveillance, auraient pu éviter
quelques-uns des abus qui se produisaient de toutes
parts. Des ordres précis furent donnés pour établir
les choses sur un pied plus convenable. La formation d'une batterie étrangère et d'une autre batterie
montée fut arrêtée en même temps que la réorganisation des dragons, et les ateliers de l'Armeria,
ainsi que ceux des arsenaux du Belvédère, se mi-
rent à l'œuvre avec une activité inconnue jusque-

là. On fit en outre des commandes importantes d'armes et de munitions en Suisse et en Belgique.

Ces premières mesures prises, le général, accompagné de M. de Chevigné, des premiers volontaires à cheval accourus près de lui et de quelques gendarmes pontificaux, partit de Rome le 21 avril 1860 pour visiter les provinces placées sous son commandement. Il se dirigea d'abord sur Pérouse, où se trouvaient le 1er régiment indigène et le 1er régiment suisse; de là il se rendit à Ancône, où toute son indignation se réveilla quand il put constater le peu d'empressement qu'on avait mis à exécuter les travaux ordonnés par lui à son premier passage; car le général, en quittant la Belgique, s'était rendu dans les États-Romains par Trieste et Ancône. Mais il put reconnaître cependant que la science et la pratique, plus encore que le zèle, manquaient aux officiers du génie attachés à cette place. La vue des bataillons de chasseurs étrangers, formés en grande partie avec de bonnes recrues autrichiennes, lui rendit un peu de confiance, et après avoir donné de nouveaux ordres pour que la ville fût mise en état de défense, il se dirigea rapidement sur Pesaro, extrême frontière, à cette époque, des possessions pontificales.

Le général fut accueilli avec un certain étonnement dans les campagnes, avec froideur, pour ne pas dire plus, dans les villes. L'attitude des jeunes légitimistes qui l'accompagnaient n'était pas précisément de nature à lui concilier les sympathies des

populations. Leur ignorance de la langue italienne
les rendait impuissants à se faire bien comprendre
et à saisir exactement le sens des explications qui
leur étaient fournies. Ne transigeant pas, comme
on le sait, avec leurs convictions, ils paraissaient
surpris que tous les Romains ne les partageassent
pas. Ils s'indignaient du peu d'empressement qu'on
marquait à se mettre à la disposition du général en
chef, et qualifiaient de mauvais vouloir systémati-
que ce qui souvent n'était que crainte de se compromettre. L'éternel *chi lo sa* des Italiens les
irritait au dernier point, et comme argument irré-
sistible ils se présentaient alors partout le revolver
au poing, ce qui n'était pas toujours un bon moyen
de résoudre les difficultés. La présence des gendarmes de l'escorte, dont la vue seule aurait suffi
pour indisposer, n'avait pas contribué non plus
à gagner les cœurs au général. A Pesaro, le refus
de concours prit même des formes plus significa-
tives, en raison des excitations parties des provinces limitrophes nouvellement soustraites à la
domination pontificale. La musique de la ville ne
voulut pas aller jouer sous les fenêtres du général
en chef, et la municipalité, qui s'abstint de lui faire
visite, fut dissoute. Chaque jour des officieux, plus
ou moins autorisés, venaient même avertir le général qu'il allait être poignardé ou empoisonné ;
mais il est vrai de dire qu'il paraissait se préoccuper fort peu de ces avis charitables, et que fort

heureusement il ne fut fait aucune tentative de ce genre.

M. de Mérode agissait de son côté avec la même activité ; il employait toutes ses matinées à inspecter les casernes et les arsenaux pour tenir tout le monde en éveil, le milieu de la journée à recevoir les solliciteurs, dont il continuait à se débarrasser spirituellement en offrant à leur ardeur un mousquet de simple soldat, et consacrait ses soirées à sa correspondance. On était arrivé ainsi assez promptement à poser les bases d'un recrutement régulier en Belgique et en Irlande ; à armer et à atteler une section de deux pièces et deux caissons de la batterie étrangère ; à se procurer assez de chevaux pour monter quatre-vingts ou quatre-vingt-dix cavaliers allemands, que M. de Pimodan avait fait venir pour former un premier escadron de chevau-légers ; et enfin, ce qui avait été le triomphe de M. de Mérode, à enrôler, en qualité de simples soldats, ces jeunes fils de famille dont nous avons déjà parlé, et dont il fit le noyau d'un bataillon d'élite, réalisant une pensée qui avait toujours couvé dans son esprit. Ces jeunes gens, pour bien faire contraster leur dévouement avec celui des volontaires à cheval qui avaient été gratifiés des insignes d'officiers, affectèrent de prendre dans le principe le nom de *volontaires à pied.* Ce fut seulement plus tard qu'ils prirent successivement celui de franco-belges, puis de zouaves pontificaux. Nous exposerons plus loin à quel moment et pourquoi se firent ces transformations. En présence de ces premiers résultats, le gouvernement français, au grand contentement de M. de Mérode, parut disposé à diminuer l'effectif de son corps d'occupation, et envoya l'ordre de départ au 20° bataillon des chasseurs à pied, qui fit ses préparatifs pour rentrer en France.

VIII

Les choses en étaient là et on commençait à peine à entrevoir la possibilité d'organiser peu à peu une armée, lorsque tout à coup, le dimanche 13 mai, le général de Lamoricière revint précipitamment à Rome, où de graves nouvelles le rappelaient. On venait d'apprendre, en effet, que Garibaldi s'était embarqué à Gênes, le 5 mai, avec douze cents volontaires, sans indiquer la direction qu'il avait l'intention de prendre, et on sut presque en même temps qu'il avait touché à Orbitello, sur la frontière toscane, non loin des États-Romains. L'alarme fut grande, et les mesures à prendre pour parer aux éventualités furent discutées chez le général de Lamoricière, le lundi 14 mai, dans un déjeuner où assistèrent naturellement MM. de Mérode et de Pimodan. On y prit les décisions suivantes : M. de Chevigné et son cousin, M. de Charette, qui venait d'arriver à Rome, furent envoyés

immédiatement en reconnaissance sur la frontière.
La section de la batterie étrangère nouvellement
formée fut acheminée, en toute hâte, sur Viterbe,
par le chemin de fer de Civita-Vecchia, sous l'escorte d'un escadron de gendarmes à cheval, commandés par le capitaine Evangelista, et de quelques fantassins tirés de la compagnie hors rangs
du 1er régiment étrangers, auxquels on adjoignit
les recrues arrivées de la veille. C'était tout ce
qu'on pouvait faire ; car ces troupes étaient les
seules que le gouvernement eût en ce moment à sa
disposition dans la capitale. On habilla les recrues
avec des vêtements de rebut, faute de mieux ; on
les équipa comme on put, et la précipitation fut
telle que ces troupes, parties sans cartouches, durent en prendre à Viterbe. L'infanterie fut placée
sous les ordres du capitaine d'habillement, qui
reçut ce commandement à son corps défendant,
incapable qu'il était de se mouvoir en raison de son
obésité ; mais on lui adjoignit pour lieutenants deux
officiers étrangers au corps, MM. Sisson et Lambert, dont il a été déjà question, et dans lesquels
on paraissait avoir une certaine confiance, car,
pour les fonctions part incontinent, on avait dû les re-
prendre à l'organisation des volontaires à pied qui
leur avait été confiée le matin même. Enfin, on
pria le gouvernement français, ce qui dut être bien
pénible pour M. de Mérode, de contremander l'ordre
de départ du 20e bataillon des chasseurs à pied.

Le vendredi 18 mai, dans la matinée, MM. de Chevigné et de Charette revinrent de leur mission. Les nouvelles qu'ils apportèrent n'étaient pas rassurantes. Il était certain qu'une bande de chemises rouges se dirigeait d'Orbitello sur Latéra et Toscanella, c'est-à-dire sur les possessions pontificales ; mais ils ne purent dire quel pouvait être sa force, et si elle était ou non commandée par Garibaldi, parce qu'on ignorait encore que Garibaldi, après avoir touché à Orbitello, avait fait voile vers la Sicile. M. de Pimodan partit sur-le-champ pour se rendre à Viterbe, où, indépendamment des troupes expédiées de Rome quelques jours auparavant, il devait trouver l'escadron des chevau-légers en voie d'organisation, avec un bataillon des chasseurs à pied indigènes, et où devait, en outre, le rejoindre le 1er régiment indigène qui avait reçu l'ordre de se rendre, à marches forcées, de Pérouse et de Civita-Castellana à Viterbe. M. de Charette reçut, à ce moment, avec le grade de capitaine, le commandement des volontaires à pied, qu'il fût chargé d'organiser. C'était là, on le reconnaîtra, un nom bien significatif : le choix de l'homme ne l'était pas moins.

Lieutenant au service du duc de Modène, M. de Charette était passé, avec l'armée de ce prince, au service de l'Autriche en 1859, et il n'avait quitté l'armée autrichienne que pour venir offrir son épée au Souverain-Pontife. Au point de vue militaire, le choix était bon, car M. de Charette est un brillant officier; mais, au point de vue politique, de pareilles désignations étaient des actes de haute imprudence : M. de Charette, qui se fait gloire, non sans raison, du nom qu'il porte, ne cachait guère son hostilité au gouvernement français, et lorsque le ministre du Souverain-Pontife donnait ainsi des postes de confiance à des officiers notoirement ennemis des institutions actuelles de la France, il avouait implicitement que la question romaine était politique autant que religieuse. Revenons à M de Pimodan.

Arrivé à Viterbe le samedi 19 mars, il s'empressa de faire en personne une reconnaissance, à la tête des gendarmes du capitaine Evangelista, au nombre de quatre-vingts environ. Il apprit bientôt qu'une bande de chemises rouges, que l'on disait être composée de trois à quatre cents hommes, mais qui, en réalité, ne s'élevait pas au-dessus de deux cent cinquante à trois cents, occupait le petit village des Grottes, situé sur le lac de Bolsena, entre Valentano et Montefiascone, mais plus rapproché toutefois de cette dernière ville. Tout autre eût reculé peut-être devant la pensée d'une attaque immédiate, en raison du petit nombre d'hommes dont il pouvait disposer et du danger qu'il y a toujours à attaquer avec de la cavalerie une infanterie supérieure en nombre, occupant un village où elle a pu se retrancher ; mais M. de Pimodan, en homme de résolution, comprit quelle heureuse influence un premier succès pouvait exercer sur le moral des soldats romains, aux yeux desquels il ne fallait pas paraître reculer devant des gens qu'on affectait de mépriser en les traitant de brigands; sachant d'ailleurs que ses cavaliers avaient été choisis parmi ceux qui sortaient des anciens dragons licenciés, il n'hésita pas à prendre l'offensive. Se plaçant bravement à la tête de la petite troupe, il pénétra au galop dans le village, dont il surprit et dispersa les défenseurs. Ce coup de main hardi ne lui coûta qu'un officier et deux gendarmes tués, cinq blessés et trois gendarmes faits prisonniers. Nous devons au lecteur l'explication de ce facile triomphe.

IX

Parti de Gênes le 5 mai 1860, **Garibaldi** avait reconnu bientôt combien il était nécessaire de mettre un peu d'ordre dans la confusion qui régnait autour de lui. Il avait relâché à cet effet à Orbitello, non-seulement pour passer la revue de ses volontaires, mais aussi et peut-être *principalement* avec la pensée de donner le change sur la direction qu'il avait l'intention de prendre. Arrivé là, il avait organisé sa troupe en dix compagnies, composées des hommes les plus vigoureux, avait laissé sur le rivage tous ceux qui lui avaient paru trop jeunes ou trop faibles et avait fait voile pour la Sicile, après avoir confié au colonel Zambianchi, le commandement de la petite troupe laissée à Orbitello, montant au plus à trois cents hommes, que la désertion avait encore diminués, qui étaient armés de piques ou de mauvais fusils et avaient fort peu de munitions. Ce détachement, évidemment sacrifié, n'avait qu'une destination, qui consistait à faire diversion pour attirer l'attention de ce côté et permettre ainsi à Garibaldi d'aborder plus facilement en Sicile. Le colonel Zambianchi avait bien tenté de l'organiser et de l'armer convenablement, mais il n'avait réussi que très-imparfaitement; puis, pressé par les autorités italiennes, que ce voisinage fatiguait fort et pouvait même compromettre, il s'était mis en marche vers les États-Romains, où il avait pénétré par le village de Latéra, dans lequel il avait passé toute la journée du vendredi 18 mai, détruisant sur son passage les armes du Pape et proclamant Victor-Emmanuel, sans toutefois commettre aucune exaction. Le lendemain 19 mai 1860, il avait contourné le bourg muré de Valentano, que les autorités pontificales avaient abandonné à son approche, et s'était arrêté au village des Grottes, où ses soldats d'aventure s'étaient débandés sans prendre aucune précaution pour se garder, se dispersant dans les cafés ou dans les maisons particulières pour se procurer quelque nourriture. Ce fut dans cette situation que le colonel de Pimodan était venu les surprendre et les disperser.

Il est à remarquer qu'ils ne laissèrent sur place que trois cadavres, parmi lesquels on crut reconnaître celui du frère d'Orsini, l'auteur de l'attentat du 14 janvier. C'était une erreur, car, en ce moment même, il organisait en Sicile la petite artillerie de Garibaldi. M. de Pimodan s'empara, en outre, de quelques piques, abandonnées par les fuyards, et d'un fourgon où il trouva l'état nominatif de tous les hommes qui composaient cette bande de chemises rouges. Le peu de largeur des rues n'avait probablement pas permis aux gendarmes de faire des prisonniers; ce qu'il y a de certain, c'est que toute la bande disparut en un instant en se sauvant, soit dans les champs, soit dans les maisons, après avoir tiré quelques coups de fusil, à couvert, sur les gendarmes, et entraîné avec eux les trois prisonniers qu'ils avaient faits dans la bagarre. Quant au colonel de Pimodan, qui n'avait voulu faire qu'une reconnaissance, et qui d'ailleurs, pouvait craindre que les hommes qu'il avait dispersés si facilement ne formassent qu'un détachement d'une troupe considérable, il revint rétablir son quartier-général à Valentano, sans chercher à pousser plus loin ce premier succès.

X

La nouvelle de l'entrée des chemises rouges sur le territoire pontifical était parvenue à Rome dans la journée du dimanche 20 mai, et aussitôt on fit partir tout ce qu'on avait pu réunir de monde depuis la mise en marche du premier convoi. Ce second détachement se composait : 1° de la 1re compagnie des grenadiers du 1er bataillon du 1er régiment étranger, arrivée le matin même de Pérouse ; 2° de douze volontaires à pied environ, commandés par M. de Charette, et parmi lesquels figuraient MM. d'Albiousse, de Villiers, de Goesbriant, le premier comme sergent-major, le second comme sergent et le troisième comme caporal ; 3° des recrues du 1er étranger, arrivées dans la semaine et habillées comme les premières, de vêtements de rebut ; 4° de huit gendarmes à cheval et de quinze dragons environ de la nouvelle organisation, commandés par un maréchal-des-logis. Deux caissons de cartouches devaient rejoindre, en outre, la section de la batterie étrangère partie le 14 mai. Cinq des volontaires à cheval, MM. de Bonnais, de Gontaut, de Moynier, de Rothalier et un gentilhomme belge, accompagnaient aussi le convoi du 20 mai, qui formait un effectif de deux cents à deux cent cinquante hommes environ, et se trouva placé, par rang d'ancienneté et de grade, sous les ordres de M. de Chillaz, officier savoisien d'un certain mérite, commandant la compagnie de grenadiers du 1er régiment étranger.

MM. de Chevigné et le prince Odelchaschi assistèrent au départ, qui, fixé à quatre heures après midi, ne put s'opérer que vers minuit. Il fut retardé par les difficultés qu'on éprouva à faire entrer dans les wagons les attelages des caissons, composés de chevaux non encore dressés, qu'il avait fallu aller chercher très-loin et emprunter à une autre batterie. Ce fut au moment même où, après beaucoup de peine, on allait se mettre en route, qu'arriva la dépêche qui annonçait l'avantage remporté aux Grottes par M. de Pimodan. Communiquée immédiatement aux troupes encore dans la gare, cette nouvelle ne fut véritablement accueillie avec enthousiasme que par les volontaires à pied et à cheval, ce qui était un mauvais symptôme.

Le détachement arriva au point du jour à Civita-Vecchia, et fut dirigé immédiatement sur Corneto, où on fit la soupe. On semblait prendre des dispositions pour y faire étape, lorsqu'arriva une dépêche enjoignant de marcher sans plus attendre sur Toscanella. Les sacs furent chargés sur des charrettes, et ce ne fut qu'au milieu de la nuit que cette troupe, harassée de fatigue, parvint à sa destination, après une journée de trente et un milles italiens. Les volontaires à pied, tous fort jeunes et peu habitués à la fatigue, eurent plus à souffrir que les autres d'une marche militaire dont ils faisaient la première épreuve; cependant ils accomplirent bravement cette rude tâche et marchèrent constamment à la tête de la colonne.

Le lendemain matin, 22 mai, cette petite troupe, à peine reposée, reçut une nouvelle dépêche qui la força à se remettre immédiatement en route pour arriver sans retard à Valentano; mais elle fut forcée de laisser les caissons à Toscanella, en raison du mauvais état des chemins, et arriva à trois heures après midi à Valentano, où l'attendait M. de Pimodan, qui s'y trouvait seul en ce moment.

XI

Nous avons laissé M. de Pimodan revenant à Valentano le samedi soir, 19 mai, après avoir délogé des Grottes la bande de Zambianchi. Le lendemain, dimanche, il avait envoyé dans la même direction le capitaine Evangelista avec ses gendarmes, et appelé à lui la compagnie hors rangs du 1er étranger, augmentée, ainsi que nous l'avons vu, de quelques recrues; puis, le soir, à la tombée de la nuit, il se mit à la tête de ce détachement en se dirigeant sur Montefiascone le long du lac Bolsena. Cette petite colonne avait déjà parcouru une partie de la distance qui sépare Valentano de Montefiascone, en cheminant par une nuit très-obscure, lorsqu'elle vint tout à coup se heurter contre une autre troupe armée qui, sans laisser à M. de Pimodan le temps de se reconnaître, sans se faire reconnaître elle-même, fit feu sur la colonne. Les soldats du 1er étranger ripostèrent immédiatement et abordèrent à la baïonnette ceux qui tiraient ainsi sur eux; mais aussitôt ils reconnurent qu'ils avaient affaire au 1er bataillon des chasseurs indigènes venus de Viterbe pour être mis, comme on le sait, à la disposition de M. de Pimodan et appelés par lui à Montefiascone. Voici ce qui s'était passé :

Supposant que les garibaldiens étaient encore dans les environs, et qu'il pourrait les cerner, le colonel de Pimodan avait donné l'ordre à ce bataillon de chasseurs indigènes de sortir de Montefiascone, en se dirigeant sur Valentano, et de s'embusquer dans un bois désigné par lui sur les bords du lac, pendant que lui-même, partant de Valentano, pousserait l'ennemi, qu'il croyait rencontrer, dans le piége qui lui était tendu. Les chasseurs à pied n'exécutèrent qu'imparfaitement cet ordre, dont l'exécution complète présentait, à vrai dire, quelques difficultés. Marchant dans l'obscurité, les chasseurs dépassèrent l'endroit où ils devaient s'arrêter, et se trouvèrent ainsi en face de la colonne conduite par M. de Pimodan, qu'ils prirent pour la bande des chemises rouges, qu'on devait

pousser sur eux, et, comme il s'agissait d'une em-
buscade dont l'efficacité devait s'affaiblir s'ils en
laissaient soupçonner l'existence avant d'agir, ils
firent feu aussitôt que la troupe qui s'avançait vers
eux fut à portée.

Ce malheureux quiproquo eut de tristes résultats : les chasseurs indigènes perdirent cinq ou six
hommes, parmi lesquels se trouva leur capitaine
adjudant-major, qui, après avoir reconnu le premier l'erreur, voulut s'interposer pour arrêter le
feu et fut tué par ses propres soldats. Le 1er étranger eut aussi deux hommes tués, et le nombre des
blessés s'éleva, en outre, à douze ou quinze de part
et d'autre. Quant aux chemises rouges, on n'en dé-
couvrit pas une seule ; on put même constater qu'il
ne s'en trouvait plus sur ce point. Les deux colonnes, après s'être réunies, allèrent à Montefiascone,
et le colonel de Pimodan revint seul à Valentano.

Le colonel avait songé à employer, dès son arrivée dans cette ville, le détachement parti de Rome
le 20 mai, sous les ordres de M. de Chillaz ; aussi,
dès le 23 mai, cette troupe fut envoyée à Latera,
dans le but de relever solennellement les armes du
Pape renversées par les garibaldiens. Cette opé-
ration se fit sans la moindre difficulté ; mais, se
sentant si près de la frontière, tous les Suisses ne
purent résister à l'appât de la liberté, ou plutôt
d'une nouvelle prime d'engagement qu'ils pouvaient aller toucher ailleurs, et la désertion com-

mença à décimer les rangs des nouvelles recrues et même des grenadiers depuis longtemps au service. En moins de deux heures, 12 hommes disparurent sur 150 environ, et l'exemple une fois donné devint contagieux : 15 autres désertèrent encore dans la nuit, ce qui inquiéta vivement le colonel de Pimodan ; aussi, voulant faire, le jeudi 24 mai, une dernière battue, il crut devoir faire former le cercle et adresser aux Suisses une allocution. Il le fit en allemand et en français. Après avoir menacé tout déserteur d'être fusillé s'il était repris, il peignit sous les plus tristes couleurs le sort qui les attendait de l'autre côté de la frontière. Pour donner plus de poids à ses paroles, il fit sortir de la prison de Valentano un pauvre déserteur toscan qui, plus mort que vif, croyant être arrivé à son dernier jour, confirma tout ce que venait de dire le colonel.

La battue promettant d'être assez longue, M. de Pimodan mit en réquisition toutes les montures, chevaux, ânes, qu'il put se procurer pour transporter ses hommes, et se mit en route en ayant soin de laisser à Valentano un petit détachement avec les volontaires à pied, cruellement éprouvés par les fatigues des jours précédents. L'expédition rentra à Valentano vers cinq heures du soir, sans que la battue eût amené d'autre résultats que force culbutes parmi ceux qui y avaient pris part.

Certains rapports avaient cependant signalé

l'apparition de quelques garibaldiens dans les bois des environs, mais ces traînards ne pouvaient être que des hommes isolés qui s'étaient égarés en cherchant à échapper aux poursuites des pontificaux après l'affaire des Grottes. Le jour même où il avait été débusqué du village des Grottes, Zambianchi s'était hâté de revenir sur ses pas avec tout ce qu'il avait pu rallier de ses hommes, et de repasser promptement la frontière, où il avait trouvé les troupes italiennes, qui avaient désarmé toute sa bande. Rien n'était plus à craindre de ce côté, le colonel de Pimodan revint, le jour même de la battue, à Montefiascone, où le général en chef devait venir le rejoindre.

XII

Jusqu'au moment où l'on avait appris à Rome l'invasion des garibaldiens sur le territoire pontifical, on y avait vécu dans une grande sécurité; mais cet événement avait commencé à faire réfléchir sur le danger de la position; cependant on était loin de prévoir alors toute la portée de l'entreprise audacieuse de Garibaldi et la rapidité de sa marche triomphale à travers les États napolitains. Par mesure de précaution, on avait défendu sévèrement au *Giornale Romano*, qui était à cette époque le seul journal existant à Rome, de publier ce qu'il pourrait apprendre au sujet de Garibaldi, qu'on supposait être parti de Gênes avec l'intention de pénétrer dans les États pontificaux pour y soulever les populations, et on donna des ordres pour que les correspondances particulières fussent l'objet d'une surveillance minutieuse. Quant aux journaux français et aux autres journaux étrangers admis dans les États romains, ils ne pouvaient connaître les événements qu'au bout de quelques jours, et on pensait avoir le temps, dans l'intervalle, de se mettre sur ses gardes, dans le cas où ils apporteraient des nouvelles inquiétantes; mais le succès obtenu aux Grottes, connu, comme nous l'avons dit, par le gouvernement, dans la soirée du dimanche 20 mai, décida celui-ci à changer de tactique. Il comprit qu'il avait tout intérêt à donner la plus grande publicité à tout ce qui venait de se passer à la frontière; et, le lundi 21 mai, la population romaine connut tout à la fois, et le danger qu'on avait couru, et le succès qui semblait avoir tout sauvé.

Le récit des faits fut reçu de différentes manières, suivant le point de vue auquel on se plaçait : avec enthousiasme par les uns; avec réserve, peut-être même avec un secret dépit par les autres; mais tout le monde, loin de croire la lutte déjà terminée par l'heureux coup de main, la croyait à peine commencée. Les ordres émanés de l'état-major général, même après le 21 mai, prouvent suffisamment que telle était aussi la pensée du général en chef et de M. de Mérode. Ces ordres, en effet, avaient un caractère d'urgence des plus significatifs. On ne pouvait plus diriger de nouvelles troupes sur Viterbe, car on avait fait partir toutes celles dont on pouvait disposer; mais on expédiait dans cette direction, aussitôt qu'ils arrivaient, sans même attendre qu'ils fussent armés et habillés, tous les volontaires qui venaient offrir leurs services au Pape, ce que certainement on n'eût pas fait si on avait cru que tout était fini.

La duchesse de Parme ayant fait cadeau au Saint-Père de six canons et des voitures accessoires formant une batterie complète, on chercha à les utiliser sans retard. Comme les attelages manquaient, on mit en réquisition les chevaux des fiacres de Rome, qu'on attela tant bien que mal aux voitures et qu'on fit monter par des conducteurs nécessairement inhabiles; car, depuis 1849, jamais l'artillerie pontificale n'avait eu de batteries montées; puis on expédia rapidement sur Viterbe ce convoi improvisé en le plaçant sous le commandement d'un capitaine belge, M. Jacquemin. Les conducteurs, pris parmi les artilleurs à pied, n'avaient connu jusque-là que le service des processions. D'un autre côté, les chevaux, peu habitués à traîner des canons, et surtout de lourdes et bruyantes voitures comme celles qui entrent dans la composition d'une batterie montée, se mon-

traient indociles, ce qui, d'ailleurs, est assez ordinaire aux chevaux italiens. Il résulta de tout cela
que plusieurs fois les voitures versèrent dans les
fossés, et que le convoi n'arriva pas intact à
Viterbe.

Le capitaine Jacquemin, qui avait toujours servi
dans l'armée belge, où les choses se passaient autrement, avait manifesté pendant tout le trajet un
mécontentement qui touchait à l'irritation; voyant
peut-être de la mauvaise volonté là où il n'y avait
qu'impuissance de mieux faire, il se laissa aller
jusqu'à frapper de son sabre les soldats placés sous
son commandement, notamment le maréchal-des-
logis Astier, qui, atteint plus gravement que les
autres, mourut de ses blessures. Le capitaine Jacquemin fut bien privé de son commandement aussitôt que le général en chef eut connaissance du fait;
mais la nouvelle s'en répandit promptement dans
les rangs de l'armée, et prit naturellement des pro-
portions démesurées. Elle n'était pas propre, on en
conviendra, à éveiller les sympathies des soldats
italiens pour les chefs étrangers qu'on leur impo-
sait.

XIII

Viterbe étant appelé à être le centre d'un mouvement de troupes assez important, le général

Grégorio repartit le 22 mai pour aller en prendre le commandement, et fut suivi au bout de deux jours par le général en chef, accompagné de tout son état-major et des volontaires à cheval. Enfin, la garde palatine, espèce de garde nationale très-épurée, nouvellement formée, demanda aussi à partir, ce qu'on se garda bien de lui refuser, et elle fut immédiatement mobilisée. Cette garde palatine, qui se faisait remarquer par la magnificence de son costume, n'arriva à Viterbe que le dimanche 27 mai, lorsqu'il commençait à être certain qu'en effet les chemises rouges, dont l'apparition avait tant inquiété, avaient évacué définitivement le territoire pontifical. Son arrivée ne fit, hélas! qu'ajouter une tribulation nouvelle à toutes celles au milieu desquelles se débattait le bon général Grégorio.

Le général en chef n'avait fait que passer à Viterbe et s'était dirigé rapidement sur Montefiascone, où il arriva dans la matinée du 25 mai. Il y fut reçu par le colonel de Pimodan, qui l'attendait aux portes de la ville, entouré de tous les officiers de la garnison. Le premier mouvement du général en chef fut de presser la main du colonel, puis se précipiter dans ses bras après être descendu de voiture, en lui disant : « Bravo, mon cher Pimodan, voilà un beau commencement; mais j'espère que ce n'est pas fini, et que nous aurons bientôt à continuer votre ouvrage. »

Le général déjeuna chez l'évêque et passa ensuite

la revue de troupes cantonnées en ce moment à Montefiascone, c'est-à-dire le bataillon de chasseurs à pied indigène, la compagnie hors rang du 1er étranger et les gendarmes du capitaine Évangelista. Il adressa aux premiers des paroles sévères, à propos du malheureux coup-fourré du dimanche précédent, n'hésitant pas à leur dire que la malveillance n'était probablement pas étrangère à ce qui s'était passé, mais qu'il saurait bien en découvrir et en punir les fauteurs. Les gendarmes, au contraire, furent traités par lui avec bienveillance. Il les complimenta de leur belle conduite à l'affaire des Grottes, et leur promit des récompenses. Le général s'exprimait en français; mais tout ce qu'il disait était immédiatement répété phrase par phrase en italien par M. de Mortiller.

De Montefiascone, le commandant en chef se rendit à Orvieto, et rentra à Viterbe le dimanche 27 mai. Il y trouva tout dans la plus grande confusion. Le général Gregorio ne savait, en effet, comment pourvoir aux besoins, non-seulement des volontaires étrangers qui, au moment de la panique, avaient été dirigés pêle-mêle sur Viterbe sans avoir reçu la moindre organisation, mais encore des jeunes gens composant la garde palatine. Demander des vivres à la bonne volonté des habitants était chose fort délicate, car, ainsi qu'ils le prouvèrent six mois plus tard, ils n'étaient que trop disposés à refuser leur concours au gouvernement pontifical. On ne pouvait pourtant pas laisser mourir de faim tous ces jeunes gens, et alors le général n'avait trouvé d'autre moyen que d'ouvrir la caisse de l'armée, où chacun alla puiser plus ou moins discrètement, sans qu'on tînt compte de ce qui était donné, sans même demander de récépissé. D'un autre côté, il s'agissait de trouver un gîte pour les volontaires, que les habitants refusaient de loger, même à prix d'argent. Plein d'attention pour eux, le général Gregorio se vit dans la nécessité de les faire loger par voie de réquisition, ce qui entraîna les plus grands désordres.

Le commandant en chef étant arrivé sur ces entrefaites, ordonna aussitôt de faire rentrer à Rome les volontaires à pied, la garde palatine, le détament du 1er étranger et la batterie étrangère. Le général Gregorio resta à Viterbe, n'ayant plus sous ses ordres que les gendarmes du capitaine Evangelista, le bataillon des chasseurs indigènes, les chevau-légers et les volontaires à cheval, qui, devenant plus nombreux de jour en jour, devenaient aussi plus bruyants. Ils étaient à peu près une quarantaine en ce moment, dont on forma un escadron, et on leur donna un pareil nombre d'ordonnances qui, tout en leur servant de domestiques, durent manœuvrer à côté d'eux.

C'est ainsi que se termina cette campagne, dite des Grottes, sur laquelle nous nous sommes étendu assez longuement, parce que les détails en sont peu

connus en France, où l'attention était alors complétement absorbée par la marche de Garibaldi, dont
on avait appris le débarquement en Sicile. Ces
détails, d'ailleurs, ne sont pas sans intérêt, parce
qu'ils donnent une idée très-exacte de la situation
lorsque le général de Lamoricière vint prendre le
commandement en chef de l'armée romaine, des
perplexités qu'il dut éprouver en voyant avec quels
éléments il serait obligé d'opérer, et les difficultés
pour ainsi dire insurmontables qui durent nécessairement se dresser devant lui lorsque vint le
jour de mettre en ligne, devant un ennemi sérieux,
l'assemblage mal assorti des troupes qui lui étaient
confiées.

XIV

Nous avons vu, dès les premiers jours de son arrivée au ministère, M. de Mérode poser les bases du
recrutement pontifical en Belgique et en Irlande.
Un petit nombre de jeunes gens de famille étaient
accourus de la Belgique en même temps que les
premiers gentilshommes français. Ceux qui avaient
de la fortune avaient pu être admis parmi les volontaires à cheval, les autres attendaient une position quelconque de la bienveillance de M. de Mérode,
qui ne savait trop quel parti tirer d'eux; car, si
d'une part ces jeunes gens n'étaient pas venus à

Rome avec la pensée de s'enrôler comme simples soldats, d'un autre côté, le ministre n'était pas disposé à en faire des officiers sans troupes.

Peu satisfait de ce mince résultat, M. de Mérode songea donc à utiliser, d'une façon plus efficace, l'influence de sa famille et de ses amis en Belgique, et établit dans ce pays des agences de recrutement, à l'instar de celles qui fonctionnaient déjà en France, à Marseille et à Pontarlier; pour les régiments étrangers. La prime et la durée de l'engagement furent les mêmes, et le voyage était payé jusqu'à Rome. De plus, on fit entrevoir aux jeunes enrôlés qu'ils pouvaient compter, sans crainte de l'épuiser, sur la protection de leur tout-puissant compatriote, et cependant, au grand désappointement de M. de Mérode, ces divers appâts n'attirèrent à Rome que soixante ou quatre-vingts jeunes gens, qui, bien qu'à la solde du trésor, ne pouvaient être considérés absolument comme des mercenaires ordinaires.

Ils arrivèrent, par la voie de Trieste, dans les derniers jours de mai 1860, et furent placés dans la caserne de la Cimara, occupée par les volontaires à pied avant leur départ pour la frontière. L'intention du ministre était de verser ses jeunes compatriotes dans le corps d'élite qu'il avait commencé à former; mais, sans se préoccuper des engagements qu'il avait pris avec les volontaires à pied, il s'était dispensé de leur demander leur consente-

ment, et lorsque ceux-ci rentrèrent à Rome, au
commencement du mois de juin, ils trouvèrent
leurs nouveaux camarades déjà installés. Nous laissons à penser quel dut être le mécontentement des
volontaires à pied, qui, comptant sur les promesses
qui leur avaient été faites pour les déterminer à
s'enrôler comme simples soldats, avaient pensé
pouvoir former un corps particulier, lorsqu'ils se
virent confondus avec des recrues enrôlées, après
tout, à prix d'argent. Il fallut que le ministre eût
recours à toute son habileté et à toute son énergie
pour calmer ces jeunes têtes qui s'étaient montrées
si dévouées mais si susceptibles au début. Toutefois, moitié par force, moitié par adresse, il sut
faire plier toutes les résistances. Il déclara d'abord
aux plus récalcitrants qu'ayant signé un engagement, ils n'étaient plus libres de se rétracter, et que
le gouvernement étant décidé à maintenir ses droits,
ce qu'ils avaient de mieux à faire était de se soumettre à ce qu'on exigeait d'eux. Il leur fit remarquer ensuite qu'il ne lui serait possible de donner
aux plus méritants l'avancement qu'il leur avait
promis qu'en augmentant les cadres, ce qui ne
pouvait se faire qu'en introduisant dans leurs rangs
de nouvelles recrues, et que les grades étant naturellement acquis à ceux qui avaient donné l'exemple
en s'enrôlant les premiers, et qui, de plus, avaient
fait preuve de bonne volonté dans les jours précédents, ils étaient intéressés plus que tous les

autres à voir s'augmenter l'effectif de leur corps.

Cette dernière considération, à vrai dire la plus puissante, contribua singulièrement à les calmer. La foi et le dévouement, si grands qu'on les suppose, laissent toujours le cœur humain accessible aux espérances des biens de ce monde. Dès lors, on reconnut dans le nouveau corps trois sortes d'hommes : 1° ceux qui, engagés seulement pour six mois, versaient une somme de 20 écus romains (environ 70 fr.) pour leur habillement ; 2° ceux qui s'engageaient pour un an sans rien verser ni rien recevoir ; 3° ceux enfin qui, engagés pour deux ans, recevaient la prime attribuée aux recrues des régiments étrangers. Les enrôlés de la première catégorie et de la troisième devaient, en outre, verser le montant de leur masse au complet, ce qui équivalait encore à 20 écus romains. Le même versement, sans être absolument obligatoire, était aussi demandé aux enrôlés de la deuxième catégorie ; mais un très-petit nombre répondit à cet appel. Hâtons-nous d'ajouter que ces différences qui, dans les premiers jours, étaient assez marquées entre ces soldats d'origines diverses, se modifièrent promptement derrière un esprit de corps solidement constitué, non-seulement par la communauté des croyances, mais encore par le partage des mêmes travaux, des mêmes souffrances, et finirent par n'être plus que des nuances à peine sensibles.

Cette heureuse combinaison, qui devait avoir

pour résultat de créer le meilleur corps de l'armée pontificale, fut cependant vivement critiquée par les volontaires, non encore engagés, qui avaient été dirigés isolément et avec tant de précipitation sur Viterbe au moment de la panique, et qui en étaient revenus comme ils y étaient allés, c'est-à-dire sans qu'on eût pris aucun parti à leur égard. Ces jeunes gens, ne pouvant pas être compris dans le travail d'avancement, trouvèrent naturellement la mesure détestable. Ils refusèrent de s'enrôler et allèrent grossir le nombre des solliciteurs mécontents qui se réunissaient au café Nuovo, où très-certainement il n'aurait pas fallu aller chercher des documents pour servir à la canonisation future de M. de Mérode.

Le corps ainsi transformé présenta un effectif avec lequel on put composer deux petites compagnies, et fut organisé en un bataillon de chasseurs à pied, sous la dénomination de bataillon *franco-belge*. M. de Charette conserva le commandement de la première compagnie, et un Belge, M. Guelton, obtint celui de la deuxième. Un ex-capitaine français, M. de Becdelièvre, prit le commandement du bataillon avec le grade de major ; M. de Chillaz en devint le capitaine adjudant-major, et M. Lambert l'officier payeur.

XV

Les recrutements opérés en Irlande, sur le dévouement de laquelle on avait fondé les plus grandes
espérances, amenèrent à Rome deux mille malheureux mercenaires à la mine hâve et farouche, que
la faim seule avait fait sortir de leurs tanières et
qui arrivèrent tout déguenillés, inspirant partout
autant de terreur que de pitié. Tout le monde sait
avec quelle profusion sont vêtus et nourris les soldats anglais, dont la majeure partie est recrutée en
Irlande. Les affamés, qui s'étaient engagés à servir
sous le drapeau pontifical, s'attendaient à y trouver
au moins autant d'avantages qu'en servant dans l'armée anglaise ; ils furent promptement détrompés.

La manière dont on les habilla commença d'a-
bord par les blesser beaucoup. Le gouvernement
pontifical, soit qu'il manquât d'argent, soit* que le
temps lui fît défaut pour faire confectionner des
vêtements neufs, crut pouvoir vêtir convenablement ces pauvres diables en achetant, à prix nécessairement réduit, du gouvernement français, les
tuniques des anciens régiments d'infanterie légère,
qui avaient été mises au rebut depuis 1854, époque
à laquelle ces régiments étaient devenus régiments
de ligne. Or, ces vêtements déjà usés, dont on se
contenta de changer les boutons, se trouvèrent,

en outre, trop courts et trop étroits pour les Irlandais, presque tous de haute taille, et leur don-
nèrent une tournure passablement ridicule, qui
offrait prise aux plaisanteries des Italiens. Mais le
mécontentement des Irlandais ne connut plus de
bornes, lorsqu'au lieu de l'ale, du roast-beef et
des pommes de terre à discrétion sur lesquels ils
comptaient, ils ne trouvèrent que *l'aqua fresca* et
la fade *pasta* qui composent l'ordinaire du soldat
romain. Ils réclamèrent aussitôt auprès du re-
présentant diplomatique de l'Angleterre à Rome ;
mais celui-ci refusa d'intervenir, en leur déclarant
que, s'étant enrôlés malgré la défense formelle de
la reine, ils ne devaient pas compter sur l'appui du
gouvernement anglais. Ce refus de concours de la
part de leur ambassadeur, ajouta encore à leur irritation, et des signes précurseurs d'un soulève-
ment prochain s'étant manifestés dans leurs rangs,
le gouvernement pontifical, justement inquiet,
s'empressa de les désarmer, ce qui ne les empêcha
pas d'entrer en révolte ouverte. Il était urgent d'a-
gir contre eux. Une nuit, la caserne de Ravenne,
dans laquelle ils s'étaient barricadés, fut attaquée
de vive force par les régiments étrangers, qui ne
purent s'en emparer qu'après une lutte qui coûta la
vie à plusieurs hommes.

La révolte une fois comprimée, les séditieux furent dépouillés de leurs uniformes et soigneuse-
ment enfermés en attendant qu'on pût les renvoyer

dans leur pays. Toutefois, comme un certain nombre d'Irlandais n'étaient pas encore arrivés à Rome au moment où la révolte avait éclaté, et n'avaient pu, par conséquent, y prendre part, on fit un triage parmi les derniers venus, qui procura sept ou huit cents hommes, dont on forma un bataillon dit de *Saint-Patrick*, puis on fit reconduire plus tard tout le reste en Irlande.

Un incident assez curieux, et qu'il est bon de relater, se produisit, au retour, pendant la traversée. Le navire qui les transportait ayant fait escale devant Gênes, les Irlandais manifestèrent l'intention de s'enrôler sous la bannière de Garibaldi. Ils s'adressèrent, à cet effet, à M. Bertani, principal agent de Garibaldi à Gênes, qui trouva très-piquant d'accueillir leur demande. Ces hommes, sur la ferveur desquels le chef de la catholicité avait fondé naguère de si grandes espérances, se disposaient donc à aller grossir le nombre des chemises rouges, lorsque intervint le consul du gouvernement pontifical à Gênes, qui avait continué d'y résider après la rupture des relations diplomatiques entre les deux pays. Il déclara s'opposer au débarquement des Irlandais, en faisant remarquer qu'ils avaient été enrôlés par le gouvernement du Pape ; qu'ils étaient toujours à sa solde et que leur débarquement à Gênes sans l'autorisation du Saint-Père, serait une violation flagrante du droit des gens. Ces observations, énergiquement appuyées par le consul français, dont l'intervention fut réclamée, prévalurent, et les Irlandais ne furent pas débarqués ; mais on doit voir par là combien on était loin de ces temps anciens où la foi seule poussait les chrétiens à se croiser pour marcher en foule à la délivrance des saints lieux, et M. de Mérode dut commencer à comprendre combien il s'était fait illusion lorsqu'il avait cru pouvoir promettre au Pape une armée forte et dévouée, avec laquelle il pourrait se passer de la protection des aigles françaises.

Un événement déplorable, qui eut lieu sur ces entrefaites, vint ajouter aux embarras qui se multipliaient autour du gouvernement pontifical : l'organisation des chevau-légers avait été confiée, comme nous l'avons dit, à un jeune et brillant officier autrichien, le comte Palffy, fils du général de cavalerie de ce nom, gouverneur de la Vénétie en 1848, tenu, avec raison, à Vienne, en haute estime. Ce jeune officier, ayant des Autrichiens sous ses ordres, trouva tout naturel de leur appliquer les règles de la discipline autrichienne et, dans maintes circonstances, il fit donner la bastonnade comme punition aux hommes placés sous son autorité. Le général Gregorio, qui commandait à Viterbe, était imbu, au contraire, des idées françaises en matière de punitions militaires, et comme ces idées étaient les seules qui eussent cours dans l'armée pontificale, il crut devoir infliger dix jours d'arrêts au comte Palffy quand il connut sa manière de procéder. Celui-ci, raisonnant toujours à l'autrichienne, se considéra comme déshonoré par cette punition, qu'un officier français ou italien eût certainement acceptée plus philosophiquement, et se fit sauter la cervelle. L'Église, ordinairement si sévère pour le suicide, crut cependant devoir céder, en cette triste circonstance, à certaines considérations, et le comte Palffy obtint des funérailles splendides. L'évêque de Viterbe donna lui-même l'absoute, et toutes les autorités pontificales, convoquées avec éclat, s'empressèrent d'assister à l'enterrement. Quant au pauvre général Gregorio, qui avait agi, après tout, avec les meilleures intentions et dans les limites de ses attributions, il fut brutalement destitué; il dut même quitter les États du Saint-Père sans pouvoir obtenir qu'on lui tînt compte de son dévouement et des efforts qu'il avait toujours faits pour adoucir les ressentiments qu'il rencontrait sur son passage dans l'accomplissement de ses devoirs. Il est bien évident qu'il fut sacrifié pour donner satisfaction à la douleur d'une famille puissante à la cour de Vienne, et cependant la dissidence, en matière de discipline, qui avait existé entre lui et le comte Palffy, était une de celles qu'il eût été facile de prévoir lorsqu'on plaçait côte à côte des officiers élevés à des écoles différentes. De pareils désaccords étaient le produit inévitable de cet amalgame d'éléments hétérogènes qu'on avait voulu combiner ensemble et qui se contrariaient les uns les autres.

XVI

M. de Blumensthil avait été chargé, nous le savons, de réorganiser l'artillerie pontificale; or, les attelages manquaient complètement, et l'embarras dans lequel on s'était trouvé tout récemment avait démontré combien le manque de chevaux dressés pour le service de l'artillerie pouvait présenter d'inconvénients dans un moment de presse.

En homme du métier, M. de Blumensthil insista vivement pour qu'on avisât à cet égard, et obtint que des ordres fussent donnés en conséquence. Mais au lieu d'acheter des chevaux faits et déjà dressés, sans se laisser arrêter par la question d'argent, on acheta, par économie, un certain nombre de jeunes chevaux comme on en trouve dans la campagne de Rome, c'est-à-dire à peu près sauvages, ce qui ajouta aux embarras du moment. Un gentilhomme français, M. de Coataudon, qui, depuis son arrivée à Rome, en avril 1860, cherchait à se caser convenablement sans y réussir, tira habilement son parti de la circonstance et offrit au général en chef d'organiser une école de dressage pour les jeunes chevaux. Ancien élève de l'école du haras du Pin, ancien écuyer civil à l'école de Saumur, sportsman distingué, M. de Coataudon était venu à Rome avec des lettres de recommandation du général Oudinot pour M. de Mérode; mais il eut aussi l'idée de se faire appuyer par le général de Goyon, qui l'avait connu à Saumur, et ce fut peut-être une imprudence. Ce qu'il y a de certain, c'est que jusqu'à ce moment il avait été laissé complétement à l'écart par le ministre.

L'offre de dresser des chevaux rétifs convenait très-certainement à ses talents spéciaux; elle était faite en temps opportun; elle fut accueillie avec faveur par le général de Lamoricière, et, malgré l'opposition de M. de Mérode, l'ancien élève des haras obtint qu'une école de dressage fût placée sous son commandement. La villa *di Papa Giulio*, située à deux kilomètres de Rome, près de la route de Ponte-Molle, fut mise à sa disposition. Cette villa, qui avait servi autrefois de caserne aux dragons, aurait pu être appropriée très-promptement à sa nouvelle destination, si les bureaux du ministre avaient voulu s'y prêter; mais comme M. de Mérode était opposé à cette création, les bureaux, composés d'Italiens toujours très-mal disposés à l'égard des étrangers, par lesquels ils se sentaient débordés, saisirent avec délices cette occasion de donner carrière à leur animosité, et, tout en se montrant prodigues de ces chaleureuses protestations si familières au delà des monts, ils se firent un jeu de tout entraver.

On se figurerait difficilement ce qu'il fallut de prières et de démarches, d'abord pour se faire délivrer les clefs de la villa, puis pour obtenir qu'on fît faire par le génie militaire quelques travaux indispensables, puis enfin pour que les fonds nécessaires aux premiers besoins de l'établissement fussent versés. Or, notons en passant que M. Coataudon, qui pratique peu la patience, cette grande vertu chrétienne, entendait cependant que tout marchât à la baguette ; aussi fallait-il voir comme, dès le début, les choses allaient dans cette bienheureuse école de dressage !

On y plaça d'abord un maréchal-des-logis, chargé de la police et de la comptabilité, avec un détachement de sept ou huit hommes, qui fut successivement porté jusqu'à seize ou dix-huit. Ces hommes furent tirés en partie des Franco-Belges, au grand mécontentement de M. Becdelièvre, qui ne voulait pas qu'on diminuât l'effectif de son petit bataillon. Les chevaux étant destinés à l'artillerie, les hommes reçurent l'uniforme de cette arme et comptèrent comme détachés de la batterie étrangère. Trois volontaires à cheval, également connus sur le turf français, MM. de Cossette, de Maillé et de la Béraudière, furent adjoints à M. de Coataudon, et se firent remarquer par une politesse de bon goût à l'égard des jeunes gens placés sous leurs ordres.

On envoya à la villa une quinzaine de chevaux, qui très-cetainement avaient été choisis parmi les plus rétifs qu'on put se procurer, car ils étaient presque inabordables, et comme le détachement, si peu nombreux, surtout dans le principe, était surchargé de travail, il en résulta que plusieurs hommes ne purent résister à la fatigue et furent fortement atteints par les fièvres, si communes à Rome dans cette saison, ce qui mit ceux qui restèrent sur pied dans l'impossibilité de faire face à tous les services. Au milieu de pareilles circonstances, les chevaux se dressaient d'autant plus difficilement qu'on appliquait à la villa la méthode de Saumur dans toute sa rigueur; méthode excellente à pratiquer en France, où on a du temps devant soi pour en suivre toutes les gradations, mais fort lente, comme toutes les bonnes méthodes.

L'existence de l'école ne fut hélas qu'éphémère : au bout de cinq semaines, elle fut balayée d'un trait de plume par M. de Mérode, qui, pour justifier cette mesure, s'appuya 1[b] sur ce qu'elle n'avait encore livré aucun cheval dressé, chose matériellement impossible; 2[d] sur les réclamations qu'elle avait provoquées de la part des Franco-Belges, où elle se recrutait; 3[o] sur les plaintes des hommes mêmes du détachement, lesquels étaient peu soucieux de continuer un service comme celui qu'on exigeait d'eux, sans la moindre compensation.

Profitant du retard apporté dans la remise des

fonds et de l'absence de toute notion de comptabilité chez M. de Coataudon, le maréchal-des-logis avait disparu un jour en emportant la caisse sans avoir payé un seul des hommes placés sous ses ordres. Cet incident avait mis le comble à leurs déboires et les avait déterminés à élever les plaintes qui avaient été bien vite accueillies par M. de Mérode. Le détachement de la villa *di Papa Giulio* fut versé aux chevau-légers; les trois volontaires à cheval retournèrent à Viterbe rejoindre leurs camarades; quant à M. de Coataudon, il alla offrir ses services au roi de Naples, qui a dû, à ce moment ou plus tard, le gratifier du grade de général, car c'est avec ce titre que les journaux l'ont désigné dans ces derniers temps, lorsque, plus heureux que MM. de Christen et Ceniatempo, il parvint à échapper aux agents de la police italienne chargés de l'arrêter pour la part qu'il avait prise à la conspiration de Pausilippe.

XVII

Bien que cela sorte un peu de notre cadre, nous devons cependant introduire ici quelques mots sur le voyage que fit alors à Rome M. de Corcelles. Pas plus que le général de Lamoricière, M. de Mérode n'avait pu fermer les yeux sur le désordre permanent de l'administration pontificale, auquel il était si urgent de remédier. En pareille conjoncture, appeler à Rome un homme du caractère et de l'importance de M. de Corcelles, familiarisé comme lui avec les détails d'une bonne gestion des deniers publics, était certainement un coup de maître de la part de M. de Mérode ; car c'était tout à la fois rendre au Saint-Père un service réel, et répondre d'une façon gracieuse aux avances de l'ancienne école parlementaire, qui, on le sait, s'est prononcée, par conviction sans doute, mais cependant assez fortuitement, en faveur du pouvoir temporel du Pape.

L'administration intérieure et celle des finances devaient former le lot de M. de Corcelles, et nous n'hésitons pas à le déclarer, s'il eût été possible de remédier aux abus de toute espèce qui pullulaient dans les services qui lui furent confiés, personne mieux que M. de Corcelles n'aurait pu satisfaire à cette tâche ; mais, après avoir tout vu, tout étudié, tout approfondi avec soin, il se retira, et, s'il se retira, ce fut bien certainement parce qu'il acquit la conviction qu'il n'y avait rien à faire pour un pays où le mauvais vouloir intéressé des uns, la paresse incurable des autres, l'étroitesse des vues, le parti pris de fermer les yeux sur les abus les plus intolérables, entraveront toujours l'exécution des réformes salutaires qu'on voudra y introduire. Comment, en effet, expliquer autrement le retour en France de M. de Corcelles, après le court séjour qu'il fit à

Rome ? Si donc nous avons parlé en passant du
voyage de M. de Corcelles, c'est uniquement parce
que sa retraite, après examen de la situation, est à
nos yeux la condamnation la plus sévère d'un sys-
tème administratif contre lequel d'ailleurs la sa-
gesse des hommes d'État de tous les pays, de tous
les cultes et de toutes les opinions s'est toujours
élevée.

XVIII

Le cardinal Antonelli, qui n'avait jamais ap-
prouvé les ardeurs belliqueuses de M. de Mérode,
qui avait toujours soutenu, au contraire, que le
Saint-Siége était bien mieux protégé par la présence à Rome d'un seul bataillon français que par
toutes les armées promises, s'était tenu soigneuse-
ment à l'écart, laissant pleine carrière à son collègue. Cependant, quand il vit quelle couleur politique
on donnait à cette levée de boucliers, il dut se préoccuper des malheurs qui pouvaient en résulter
pour la Papauté, et alors il se décida à intervenir
pour pallier autant qu'il était en lui les actes imprudents dont il redoutait les conséquences. En
modérateur habile, il commença par se concilier les
sympathies de tous ceux qui s'en prenaient au gouvernement pontifical des désappointements que leur
avait fait éprouver M. de Mérode ; à l'aide de

bonnes paroles il calma les susceptibilités des uns, les impatiences des autres, et parvint ainsi à prévenir autant qu'il le put les manifestations anti-napoléoniennes qui se produisaient journellement avant son intervention. D'un autre côté, chaque fois qu'il en trouvait l'occasion, il ne manquait jamais de protester près de MM. de Gramont et de Goyon de la reconnaissance du Saint-Père pour l'Empereur des Français, et de leur répéter qu'en ce qui le concernait personnellement, il ne s'associait nullement à la politique provoquante de M. de Mérode.

Il en était là lorsque l'arrivée à Rome de M. de Cathelineau, à la tête d'une soixantaine de jeunes gens recrutés par lui dans les anciennes provinces de la Bretagne, du Poitou et de la Vendée, et dont quelques-uns, notamment M. de Cadoudal, portaient des noms de plus en plus significatifs, augmenta les inquiétudes du cardinal et lui fit comprendre qu'il avait eu tort peut-être de se tenir trop longtemps à l'écart. Que MM. de Cathelineau, de Charette et de Cadoudal vinssent isolément à Rome offrir au Saint-Père le tribut de leur dévouement, et que leurs services fussent acceptés, cela pouvait être déjà d'un assez mauvais effet, toutefois on pouvait, à la rigueur, ne pas trop s'en inquiéter; mais que l'héritier d'un nom qui doit toute son illustration à l'éclat avec lequel il a figuré dans les guerres civiles de la France, se présentât accompagné de jeunes gens qui, eux non plus, ne cachaient pas leur drapeau ; qu'il se posât comme leur chef, comme le précurseur de bandes plus nombreuses, animées du même esprit, et qu'il vînt ainsi, bannière déployée, offrir ses services au Pape, c'était là un grand danger qu'il fallait conjurer.

Le cardinal aurait bien voulu éloigner complétement M. de Cathelineau et sa bande, et peut-être aurait-il dû insister pour qu'il en fût ainsi ; mais pour cela il aurait fallu rompre ouvertement en visière avec M. de Mérode, et, comme il n'était pas sûr de l'emporter, il aima mieux tourner la difficulté que l'aborder de front. Ayant remarqué que M. de Cathelineau, se considérant comme le mandataire autorisé des contrées de l'ouest de la France, n'était pas homme à se contenter d'une de ces positions secondaires que M. de Mérode offrait à ceux qui arrivaient à Rome, et à se séparer de ses compagnons, qu'il appelait ses *croisés*, il résolut de profiter du mécontentement que lui ferait, selon toute apparence, éprouver l'accueil de M. de Mérode. Celui-ci, en effet, traita M. de Cathelineau comme le commun des martyrs, et refusa positivement de l'autoriser à faire, le cas échéant, la guerre de partisans à la tête de ses croisés, à la manière des anciens chefs vendéens. Il avait insisté pour que M. de Cathelineau et ses hommes vinssent se confondre dans les rangs des volontaires à pied, ce qui avait fortement irrité le chef des croisés, qui manifestait hautement et partout son désappointement dans les termes les plus amers. Ce fut alors que survint le cardinal. Prenant vis-à-vis de M. de Cathelineau les formes les plus gracieuses, il lui dit qu'il comprenait très-bien qu'il ne voulût pas se séparer des hommes qui l'avaient accepté pour leur chef, et le logea avec tout son monde dans un grand couvent, situé dans le Transtevère, derrière le quai de la Longara, appelé le Retiro-Sacro. Le couvent avait été bâti par les jésuites; c'est assez dire qu'on y était commodément : belle vue, belles eaux, belles promenades, rien n'y manquait. Le cardinal y ajouta des réceptions spéciales par le Pape, accompagnées de baise-main et de distributions de médailles bénites ; enfin il leur fit donner un excellent cuisinier, et décida que toutes les dépenses de la maison seraient supportées par le Souverain-Pontife. Il était certainement impossible de faire mieux. Mais d'uniformes, d'armes, de manœuvres, de tout ce qui constitue la vie militaire, il n'en fut pas question. Les croisés se firent facilement à cette existence, qu'entre-coupaient des excursions intéressantes dans la campagne de Rome et, comme la position était bonne à prendre, tous les mécontents du café *Nuovo*, qui jusque-là avaient refusé de s'enrôler dans les volontaires à pied, croyant faire pièce à M. de Mérode, se hâtèrent de prendre place parmi ces heureux croisés, dont le nombre s'accrut ainsi sensiblement.

Jusque-là, le cardinal Antonelli avait mis les rieurs de son côté ; mais il avait affaire à un adversaire habile. Avec son intelligence ordinaire, M. de Mérode n'eut pas de peine à découvrir où le cardinal voulait en venir ; mais au lieu de se ranger aux idées de son collègue, il résolut de persévérer, de détruire les obstacles qu'on lui suscitait, et de transformer en instruments dociles, en soldats obéissants, tous ces croisés qu'on voulait soustraire à son autorité. Animé de cette résolution, qui lui a servi à triompher de bien des difficultés, il déclara nettement en plein conseil que si on ne voulait pas d'armée il était inutile de le maintenir au poste qu'il occupait, mais que tant qu'il serait ministre des armes il ne pourrait pas tolérer qu'une troupe quelconque pût s'organiser en dehors de son contrôle et de son administration ; que l'on augmenterait les dépenses sans avoir jamais d'armée, si on créait chaque jour de nouveaux états-majors indépendants, et par conséquent jaloux les uns des autres, au lieu de s'attacher à recruter des soldats dont on manquait ; que les croisés, qui ne rendaient aucun service, coûtaient déjà fort cher, tandis que, versés dans des cadres tout prêts à les recevoir, ils seraient plus utiles et moins coûteux ; qu'enfin il y avait une véritable injustice à traiter comme des princes les derniers venus, tandis que ceux qui étaient arrivés les premiers étaient soumis aux épreuves les plus rudes de l'état militaire.

7.

Cette fermeté produisit déjà un certain effet dans le conseil, mais le ministre ne s'en tint pas là, il réunit les croisés. Il commença par leur déclarer que, tant qu'ils resteraient dans la demeure somptueuse où les avait placés le cardinal, il ne souffrirait pas qu'une seule arme leur fût confiée, parce qu'il ne verrait pas en eux des soldats ; que s'ils étaient venus à Rome avec la ferme pensée de soutenir la cause du Saint-Père, le seul moyen d'atteindre ce but était d'entrer aux Franco-Belges, où ils trouveraient des jeunes gens nobles comme eux et comme eux dévoués aux principes monarchiques et religieux ; qu'en hommes de cœur qu'ils étaient, ils devaient préférer un travail glorieux, utile pour la cause qu'ils soutenaient, à une oisiveté d'autant plus coupable qu'elle coûtait chaque jour des sommes considérables au Souverain-Pontife.

Là encore, M. de Mérode triompha, et il eut le dessus sur le cardinal Antonelli, dont le seul tort cependant était d'avoir voulu jouer au fin avec un homme habile et résolu comme l'était M. de Mérode ; car en réalité le cardinal était bien plus dans le vrai que le ministre des armes.

M. de Cathelineau quitta Rome, et les Croisés prirent place dans les rangs des Franco-Belges, qui purent présenter un effectif de quatre compagnies, augmenté successivement par les enrôlements des volontaires qui arrivaient de France en très-petit nombre, mais régulièrement par chaque paquebot.

Ce fut alors que, pour être agréable au général de Lamoricière, qui était resté neutre dans le dernier conflit, M. de Mérode donna au corps le nom de *zouaves pontificaux*, en souvenir des *zouaves français*, dont M. de Lamoricière avait été autrefois l'organisateur et le premier colonel. Le nouveau corps prit aussi le costume des zouaves et fut bientôt dirigé sur Terni, où, en vue des prochaines éventualités, le général en chef formait un camp sous le commandement de M. de Pimodan, nommé général. Cette précaution n'était pas inutile, car pendant qu'à l'intérieur le gouvernement pontifical s'efforçait de se créer une armée, les événements avaient pris au dehors un caractère des plus inquiétants pour le Saint-Siége.

XIX

Le triomphe de Garibaldi en Sicile ne pouvait plus être mis en doute. Il est vrai qu'il n'était pas encore débarqué en Calabre, mais il était facile de prévoir qu'il ne tarderait pas à y arriver, et comme la rapidité de ses premiers succès paraissait n'être qu'un prélude à ceux qui lui étaient encore réservés, il fallait se mettre promptement en mesure de réprimer les soulèvements qu'on annonçait devoir se produire dans les États-Romains, du côté de la frontière napolitaine.

D'autre part, on apprit qu'une expédition se préparait ouvertement à Gênes, sous la direction du Comité Garibaldien, dans le but, hautement avoué, de marcher sur Rome, et à voir la facilité avec laquelle affluaient les hommes et les fonds, l'activité qui présidait à l'organisation, à l'habillement, à l'équipement et à l'armement de cette troupe, dont l'effectif devait s'élever, disait-on, à huit mille hommes, sous le commandement du colonel Pianciani, ancien commandant supérieur de Civita-Vecchia en 1849, le commandant en chef de l'armée pontificale avait grandement raison de se mettre sur ses gardes.

L'avant-garde de ces Garibaldiens, placée sous les ordres du baron Nicotera, s'étendait déjà de Livourne à la frontière toscane sur les mêmes points où s'était présenté Zambianchi au mois de mai précédent, et, pour pénétrer dans les États-Romains, n'attendait qu'une occasion favorable, qui pouvait se produire d'un instant à l'autre. Le général de Lamoricière n'ignorait pas, en outre, que les Piémontais avaient réuni des forces assez imposantes dans la Cattolica, et si rien n'annonçait alors que les Piémontais eussent l'intention de franchir la frontière pour envahir les États-Romains, personne aussi ne pouvait assurer qu'ils ne le feraient pas. Il était donc urgent, à tous les points de vue, que le commandant en chef des troupes pontificales couvrît la frontière et ne laissât pas surtout sans soutien une place comme Ancône.

Le général de Lamoricière prit les mesures suivantes : La 1re brigade placée à Foligno, sous les ordres du général Schmid, comprenait : deux bataillons du 2e régiment indigène, deux bataillons du 2e régiment étranger, une batterie de six pièces et une compagnie de gendarmerie à pied mobilisée. Cette brigade, dont le quartier-général était à Foligno, formait le centre de l'ordre de bataille, ayant à sa gauche la brigade Pimodan, à sa droite la brigade Courten, et pouvait se porter facilement, soit sur Pérouse ou Viterbe, soit du côté du général de Courten.

La frontière napolitaine était surveillée par le général de Pimodan, placé à Terni avec la 2e brigade, composée des 1er et 2e bataillons de chasseurs indigènes, du 2e bataillon de bersaglieri (Autrichiens), du bataillon de carabiniers (Suisses), d'un demi-bataillon des zouaves pontificaux, de deux escadrons de dragons, d'un escadron de chevau-légers et d'une batterie de six pièces. Le général de Courten, commandant la 3e brigade, formait la droite ; il était chargé de défendre les abords de la place d'Ancône, et avait son quartier-général à Macerata. Les troupes mises sous son commandement se composaient : des 1er et 3e bataillons de bersaglieri (Autrichiens), du 1er régiment indigène, d'un escadron de gendarmerie et de deux batteries présentant un total de douze bouches à feu. Il y avait enfin une petite réserve placée à Spolète, sous les ordres du colonel Cropt et sous la direction spéciale du général en chef. Cette réserve comprenait une batterie de six pièces, les volontaires à cheval et le 1er régiment étranger.

Nous avons indiqué, au commencement de notre travail, la composition de l'armée pontificale au moment où le général de Lamoricière en prit le commandement en mars 1860; si nous ajoutons aux corps que nous venons d'énumérer : 1° le bataillon irlandais de Saint-Patrick, dont la moitié formait la garnison de Spolète et l'autre moitié était encore en voie d'organisation à Ancône ; 2° les 4e et 5e bataillons autrichiens dits bersaglieri, dont le dernier comptait à peine quelques hommes, nous pouvons voir que les efforts réunis du général de Lamoricière et de M. de Mérode, aidés par le concours des partis hostiles au principe démocratique, n'avaient pu créer en six mois que : 1° un demi-bataillon de zouaves pontificaux; 2° quatre bataillons et demi autrichiens; 3° un bataillon irlandais ; 4° l'escadron de chevau-légers autrichiens; 5° un escadron de dragons; 6° une cinquantaine de volontaires à cheval. On se tromperait encore beaucoup si l'on croyait que ces divers corps eussent leur effectif réglementaire : plusieurs compagnies n'avaient que deux officiers. En dernière analyse, pendant ces six mois, les désertions des Suisses et autres étrangers aidant, le nombre de douze mille hommes auquel se montait l'armée pontificale en mars 1860, ne s'était pas augmenté de plus de douze à quinze cents hommes, encore toutes ces recrues avaient-elles été enrôlées à prix d'argent, à l'exception des volontaires à cheval et d'une centaine au plus de zouaves pontificaux.

Cependant, il faut reconnaître que des résultats très-remarquables avaient été obtenus pour l'artillerie. Grâce à l'activité de M. de Blumensthil, cette arme spéciale était arrivée à présenter trente pièces en état d'entrer en ligne. Il est vrai qu'elles n'étaient attelées que de quatre chevaux et n'étaient pas accompagnées de toutes leurs voitures réglementaires ; mais, quand on connaît les difficultés contre lesquelles M. de Blumensthil avait eu à lutter, qu'elles vinssent des hommes ou bien des choses, on peut hardiment affirmer que nul n'eût pu faire mieux que lui. Le train des parcs et celui des équipages manquaient complétement. Quant aux autres services dans les attributions de l'intendance, notamment ceux des vivres et des hôpitaux, ils n'existaient que de nom. Enfin, MM. de Lamoricière et de Mérode n'avaient pu réussir, à leur grand regret, à organiser les sapeurs du génie, et les événements d'Ancône devaient bientôt leur faire déplorer cette lacune.

Tout calcul fait, le général en chef n'avait à sa disposition, en troupes mobilisables, que seize bataillons et demi, réduits à six compagnies par ba-

taillon, présentant un effectif de huit mille baïon-
nettes, de cinq cents hommes d'artillerie et de trois
cents chevaux. Les garnisons des petites places et
la garde des prisons de Rome absorbaient les deux
compagnies distraites du service de campagne. Le
général en chef avait bien émis l'idée de lever des
corps de volontaires pris dans le pays et de les organiser en corps francs ; mais les légats et délé-
gats, gouverneurs des provinces soumises au Saint-
Siége, le dissuadèrent vivement de donner suite à
ce projet, en lui déclarant que ce serait donner
imprudemment des armes à des populations déjà
hostiles, qui très-certainement ne s'en serviraient
pas pour soutenir la cause du Pape.

XX

Vers le milieu du mois d'août, l'expédition du
général Pianciani, qui avait été un grave sujet
d'inquiétude, avait été détournée de sa véritable
destination par suite de l'intervention intelligente
de M. de Cavour auprès de Garibaldi et dirigée vers
la Sicile. On n'avait donc plus rien à craindre du
côté de la frontière toscane, rien aussi ne semblait
alors devoir faire redouter une invasion du côté de
l'Ombrie ; mais, dans les premiers jours de septembre, quelques symptômes alarmants se produi-
sirent à la frontière napolitaine. Des soulèvements

éclatèrent simultanément à Frozinone et à Ascoli, situés cependant à deux points opposés de cette frontière. M. de Mérode se rendit en personne dans la première de ces villes, et, appuyé par les troupes de M. de Pimodan établi à Terni, il put facilement mettre les mutins à la raison. M. de Chevigné fut moins heureux à Ascoli : il est vrai qu'il n'avait avec lui que quelques gendarmes, avec lesquels il résista tant qu'il put ; mais les événements qui se précipitaient le forcèrent à se retirer devant l'émeute.

Chaque jour, chaque heure rapprochaient du moment où les craintes du cardinal Antonelli allaient se justifier de la manière la plus douloureuse. Garibaldi était arrivé à Naples avec bien plus de facilité encore qu'en Sicile ; et M. de Cavour, qui suivait tous ses mouvements d'un œil inquiet, prévit, avec sa sagacité ordinaire, qu'entouré comme il l'était par des hommes ardents, dont quelques-uns étaient les partisans avoués de Mazzini, le dictateur ne tarderait pas à être débordé par le parti révolutionnaire italien, qui le poussait à marcher sur Rome. Or, c'était là ce que redoutait par dessus tout le grand ministre de Victor-Emmanuel ; car il était facile de comprendre qu'une pareille invasion, dont on ne pourrait pas modérer les effets, aurait pour résultat inévitable d'ajouter encore aux complications d'une situation qui n'était déjà que trop compliquée par elle-même. S'opposer ouverte-

ment à l'invasion des États-Romains par Garibaldi,
qui possédait alors une popularité contre laquelle il
était impossible de lutter, n'était pas chose praticable; on aurait succombé à la tâche, et personne
ne peut dire ce qui serait arrivé en Italie si M. de
Cavour eût voulu suivre cette marche. D'un autre
côté, se croiser les bras et laisser Garibaldi marcher sur Rome à la tête de ses bandes de plus en
plus exaltées par le succès, c'était évidemment laisser le feu se propager dans toute l'Europe. Il fut
donc résolu à Turin que, pour paralyser le mouvement révolutionnaire dont on redoutait les conséquences, on prendrait l'initiative en faisant pénétrer des troupes régulières dans les États-Romains.

Il paraît certain que le général de Lamoricière,
qui n'avait pu ignorer par suite de quelle influence
l'expédition, commandée par Pianciani, avait dû
renoncer à marcher sur les États-Pontificaux, était
loin de s'attendre à une attaque de la part des Piémontais. Il avait bien appris, le 9 septembre, que
des bandes d'insurgés se montraient sur les fron-
tières, depuis Acqua-Pendente jusqu'à Pesaro, et
avaient soulevé la ville d'Urbino; mais rien ne semblait indiquer que ces mouvements insurrectionnels
seraient appuyés par la cour de Turin. Toutefois,
par mesure de précaution, il écrivit directement
par le télégraphe au cardinal Antonelli pour lui
demander des renseignements et des instructions à
ce sujet. Le cardinal, qui avait toujours prévu qu'il

arriverait un moment où les armements auxquels
on se livrait, et surtout le caractère qu'on affectait
de leur donner, seraient une cause d'embarras
plutôt qu'un élément de sécurité pour le Saint-
Siége, dut être un peu surpris que le commandant
en chef s'adressât directement à lui pour avoir des
renseignements ou des instructions, au lieu de s'a-
dresser au ministre de la guerre, qui, en poussant
les choses au point où elles étaient arrivées, avait
dû se préparer d'avance à faire face aux éventualités. Il répondit donc, le même jour, par une dépêche télégraphique non chiffrée qui, par conséquent,
put être connue au passage, qu'il n'était en mesure
de fournir aucun renseignement sur l'attitude que
pourraient prendre les Piémontais, et qu'en ce qui
le concernait il n'avait aucune instruction à donner
au général en chef, le laissant ainsi libre d'agir
comme il l'entendrait.

XXI

Sur ces entrefaites, arriva à Spolète, au quartier-
général, le capitaine Farini, aide de camp du général Fanti, porteur du fameux ultimatum, où ce
dernier, levant ouvertement le masque, signifiait
insolemment au gouvernement pontifical les conditions suivantes : 1° abstention de toute résistance
partout où se montrerait une bande armée quel-

conque ; 2° évacuation du territoire commis à la garde de l'armée pontificale, partout où les habitants manifesteraient l'intention de se soumettre au sceptre de Victor-Emmanuel ; 3° licenciement immédiat des étrangers à la solde du Saint-Siége. Si ces conditions étaient refusées, l'armée piémontaise devait immédiatement envahir le territoire pontifical.

Le général de Lamoricière, surpris autant qu'indigné d'une pareille sommation, chercha cependant à gagner du temps. Il retint le capitaine Farini, en prétextant qu'il n'avait pas qualité pour répondre aux propositions qui lui étaient faites, et transmit tout simplement à Rome la dépêche du général Fanti. Mais celui-ci, qui était pressé d'agir, d'abord, pour ne pas se laisser prévenir par les bandes garibaldiennes, et peut-être aussi pour donner à ses actes la consécration de faits accomplis avant toute opposition explicite formulée par la France, rappela, le 10 au soir, son aide de camp par le télégraphe, en déclarant qu'il marchait en avant sans attendre plus longtemps la réponse à sa sommation, ce qui montrait suffisamment que le général piémontais n'avait pas compté un seul instant sur l'acceptation des étranges conditions qu'il avait faites évidemment pour la forme, avec la certitude qu'elles seraient refusées.

Ce fut alors que le Saint-Père dut comprendre dans quelle fausse voie il s'était laissé entraîner, et combien le cardinal Antonelli était dans le vrai lorsqu'il s'efforçait de s'opposer à des armements aussi imprudents qu'inutiles. Il devint évident, en effet, que ces armements, si peu en rapport avec les espérances conçues, allaient offrir un prétexte aux entreprises ambitieuses des Piémontais, dont les yeux étaient toujours dirigés vers Rome, et qui cependant n'auraient jamais osé envahir les États du chef de la catholicité si le gouvernement pontifical eût laissé à l'armée française le soin de les défendre. On dut reconnaître aussi, mais un peu trop tard, qu'en donnant à ces armements la couleur dont ils étaient empreints, on s'était retiré la possibilité de réclamer honorablement, à cette heure critique, l'intervention armée du gouvernement français, qui, tout en blâmant hautement l'agression injuste des Piémontais, ne pouvait pas, pour arrêter cette agression, aller placer le drapeau tricolore à côté du drapeau blanc, arboré pour ainsi dire ostensiblement par ceux qui, en se faisant accepter comme les seuls défenseurs dévoués du Saint-Siége, s'étaient chargés de défendre son territoire.

La dernière signification du général Fanti ne laissant plus aucun doute sur ses intentions, le général de Lamoricière dut prendre immédiatement ses dispositions. Trois partis se présentaient à lui. Il pouvait se replier sur Rome et y attendre l'ennemi : en opérant ainsi, il sauvait son armée ; mais c'était paraître souscrire volontairement aux conditions impérieuses du général Fanti, c'était ensuite manquer au devoir qu'il s'était imposé de défendre le territoire pontifical ; ce premier parti ne pouvait convenir à un homme de cœur. Il pouvait encore attendre dans les positions qu'il occupait à Macerata, à Foligno, à Terni et à Spolète, qu'il fût attaqué par les Piémontais ; mais ces positions, qui avaient été bien choisies pour le cas où l'armée pontificale n'aurait eu à redouter que des soulèvements intérieurs ou des entreprises de la part de bandes isolées, n'offraient plus les mêmes avantages en présence de troupes régulières bien commandées, et dont les mouvements pouvaient être concentrés avec habileté. En effet, la ligne traversée par les Apennins, beaucoup trop étendue en raison du petit nombre d'hommes dont disposait le général de Lamoricière, pouvait être facilement coupée ; il fallait donc encore renoncer à ce second mode de défense.

Restait un troisième parti : c'était évidemment le seul qui pût convenir à un général français tel que le brave Lamoricière : il consistait à rallier une partie de ses troupes, à marcher en avant et à se faire tuer s'il le fallait, mais en répondant au moins par des coups de fusil à l'inqualifiable sommation du général Fanti. Bien convaincu que Civita-Vecchia et Rome, placées spécialement sous la garde des soldats français, n'avaient rien à redouter des attaques des Piémontais ; persuadé aussi que les

petites garnisons laissées par lui à Orvieto, Viterbe
et Civita-Castellana, pourraient retarder la marche
de l'ennemi, qui de ce côté ne s'était encore montré qu'à l'état de corps francs, bien convaincu enfin
que le général Schmid pouvait défendre longtemps
la position centrale de Pérouse avec les troupes
laissées à sa disposition, si le général savait faire
son devoir, il se dirigea vivement vers le point attaqué, avec la pensée de gagner Ancône, où il lui
serait plus facile de se maintenir avec des troupes
comme celles qu'il commandait, et où la mer lui
permettait d'être secouru par l'Autriche, sur l'assistance de laquelle on fondait une grande espérance.

XXII

La fameuse dépêche de l'ambassadeur français à
Rome, inexactement transmise par M. de Mérode,
à laquelle on a voulu attribuer une grande part
dans le plan de campagne du général de Lamoricière, n'exerça en réalité aucune influence sur sa
détermination; puisque le mouvement par lui ordonné était déjà commencé quand il reçut cette dépêche, qui, mal reproduite, paraissait promettre
l'appui des troupes françaises partout où serait attaqué le drapeau pontifical. Ainsi, laissons de côté
cet incident, dont on a cherché à faire grand bruit,

et qui, au fond, n'a eu aucune influence sérieuse sur les événements.

M. de Lamoricière passa toute la journée du 11 à faire ses préparatifs de départ, se désolant de l'absence du train des équipages, qui avait pour résultat d'ajouter aux embarras occasionnés par les immenses quantités de bagages que les troupes italiennes sont habituées à traîner avec elles, et qu'elles ne pouvaient se décider à abandonner. Le général, qui gourmandait la mollesse et l'inertie des officiers, était obligé de s'occuper personnellement de tous les services. Il demandait à grands cris l'argent qui lui manquait, et comme 500,000 francs, placés dans la citadelle d'Ancône avec l'ordre exprès de n'y toucher qu'en cas de pressant besoin, avaient été dissipés sans qu'on pût même en rendre compte, M. de Mérode, pour parer au plus pressé, fut obligé d'autoriser le général à puiser dans toutes les caisses publiques. Le service des vivres n'était même pas assuré, et si le général ne s'en fût pas occupé personnellement, ce service important eût manqué complétement. On peut affirmer que rarement un commandant en chef se soit trouvé dans une pareille position.

Le 12 au matin, le général partit de Spolète à la tête des volontaires à cheval du 2ᵉ bataillon du 1ᵉʳ régiment étranger, du 1ᵉʳ bataillon du 1ᵉʳ régiment indigène et d'une compagnie d'Irlandais, laquelle était sans sacs, sans gibernes, sans fusils, et qu'on devait employer à un service particulier. On atteignit Foligno dans la soirée, et l'on y rallia un escadron de gendarmerie et le 2e bataillon du 2e régiment étranger, appartenant à la brigade Schmid. Toute cette troupe ne présentait pas un effectif de plus de deux mille hommes. Elle se dirigea sur Lorette, où elle arriva le 16 septembre. En approchant de cette ville, le général avait reçu avis que la place avait été occupée par les grands'gardes ennemies, appartenant au corps d'armée du général Cialdini. Aussitôt il avait donné l'ordre à l'escadron de gendarmerie qu'il avait avec lui, d'aller en reconnaissance ; mais on pourra juger avec quelle confiance durent s'avancer les gendarmes, lorsqu'on saura qu'au moment même où ils allaient s'ébranler, le capitaine San-Pieri qui les commandait, et son lieutenant, déclarèrent ne pouvoir soutenir l'allure du trot, et qu'il fallut leur retirer le commandement de leurs hommes pour le confier à M. de Bourbon-Chalus, chef des volontaires à cheval. Cette reconnaissance constata, du reste, l'absence de l'ennemi dans Lorette, et les troupes pontificales purent occuper cette ville sans coup férir.

Le général fut obligé de s'occuper avant tout de procurer du pain à ses soldats. Cette difficulté, toujours renaissante, prenait à Lorette un certain caractère de gravité. Le gouvernement, ayant maintenu dans ce pays les droits de mouture, il en résultait que les moulins étaient très-rares et très-éloignés ; d'un autre côté, ces moulins, en raison des droits énormes qui pèsent sur le trafic des céréales dans les États-Romains, étaient mal approvisionnés, et le général eut beaucoup de peine à se procurer le pain indispensable aux besoins des troupes. Pour comble de malheur, des fonds manquèrent de nouveau de la façon la plus imprévue. L'argent mis à la disposition du commandant en chef avait été divisé en deux portions, l'une, la plus forte, destinée à Ancône et à ses fortifications, l'autre à la caisse de service de l'armée. M. le major de Quatrebarbes, gouverneur civil et chef d'état-major dans la place d'Ancône, profitant de la libre communication qui lui restait du côté de la mer, avait envoyé, sur un aviso à vapeur, M. de la Béraudière, volontaire à cheval, pour communiquer plus sûrement avec le commandant en chef. L'aviso étant arrivé sans encombre jusqu'à Porto-Recanati, petit port situé sur le Musone, près de Lorette, le général en chef eut l'idée de se servir de cette voie pour faire parvenir à Ancône les fonds destinés à cette place, parce que ces fonds, entièrement en monnaie d'argent, étaient un des embarras du convoi à traîner avec soi et surtout à garder. Par une fatalité inexplicable, qui, au dire de M. de Lamoricière lui-même, doit être autant attribuée à la malveillance qu'à la négligence, la caisse de service fut embarquée en même temps, et ce fut ainsi que l'armée se trouva de nouveau sans fonds, au

moment où il fallait pourvoir non-seulement aux
besoins de la petite colonne partie de Spolète avec le
général en chef, mais encore à ceux de la colonne
du général de Pimodan, qui, parti de Terni, à une
marche en arrière de Spolète, le jour même où le
général en chef avait commencé son mouvement,
l'avait rejoint à Lorette.

Les deux colonnes réunies, qui, au départ, pouvaient présenter un effectif d'au moins quatre mille
six cents hommes, avaient été singulièrement ré-
duites dans la marche par des désertions et par les
fatigues occasionnées par la chaleur et surtout par
les marches de nuit, de telle sorte que le 18 septembre, au matin, le général en chef avait tout au plus
quatre mille soldats à opposer à l'ennemi. Son artillerie ne pouvait mettre en batterie que seize pièces
attelées de quatre chevaux seulement, et les voitures complémentaires, en nombre très-insuffisant,
n'étaient traînées que par des bœufs.

XXIII

Avec de pareilles ressources, le général de Lamoricière ne pouvait songer à offrir une bataille au
général Cialdini, dont le corps d'armée était bien
autrement considérable et autrement organisé, et,
en capitaine expérimenté, il devait se borner à faire
tous ses efforts pour tâcher de gagner Ancône avant

l'ennemi. Y arriver par la route ordinaire n'était pas praticable, car le général Cialdini, qui avait deviné la pensée du général de Lamoricière, avait fait occuper la grande route, et pour suivre cette direction, il aurait fallu passer sur le corps des Piémontais, ce qu'il eût été téméraire de tenter. Mais comme il existait le long de la mer un chemin de traverse que les paysans affirmaient ne pas être gardé par l'ennemi, le général de Lamoricière résolut de profiter de cet oubli pour dérober sa marche aux Piémontais et atteindre Ancône par cette voie.

Simulant une attaque de front, il fit passer le Musone qui le séparait de l'ennemi par une partie de ses troupes, en lui ordonnant de faire une démonstration sur la ferme de Castelfidardo, occupée par les Piémontais, pendant que l'autre partie de sa petite armée passerait également la rivière un peu au-dessous, filerait vers Ancône par le chemin de traverse avec les bagages qu'elle était chargée de protéger. Il avait été convenu que la colonne d'attaque se replierait sur le reste de l'armée aussitôt que la seconde colonne aurait profité de la diversion pour cacher son mouvement et opérer sa retraite ; que l'artillerie soutiendrait le mouvement dans son ensemble, et que la petite cavalerie, sous les ordres du major Odescalchi, se placerait à l'extrême gauche pour protéger les flancs de la colonne d'attaque. Cette manœuvre était certainement très-bien conçue et aurait pu réussir avec des troupes comme celles que le général de Lamoricière avait commandées autrefois en Algérie ; mais, avec des soldats comme ceux qu'il avait sous sa main, tout devenait difficile à exécuter.

La colonne d'attaque devait se composer de toute la brigade de Pimodan. Le 2ᵉ bataillon de chasseurs indigènes, le même qui avait été si malmené par le général en chef à Montefiascone, formait la tête de la colonne. Il se trouva ébranlé dès l'abord par la _âcheté de son commandant, qui refusa de marcher, et qu'on fut obligé de priver de son commandement sous le feu de l'ennemi. Venaient à leur droite, et un peu en arrière, les zouaves pontificaux. Les bataillons des régiments étrangers, flanqués des carabiniers suisses et soutenus par les bersaglieri autrichiens, ne furent placés qu'en seconde ligne.

Dès que l'ordre avait été donné de marcher en avant, les zouaves pontificaux, dépassant les chasseurs indigènes, avaient traversé le Musone, pris le pas de course et abordé à la baïonnette les Piémontais, bien supérieurs en nombre, avec un aplomb qui aurait fait honneur aux vieux corps dont ils portaient le nom et l'uniforme. Pendant qu'ils exécutaient cette charge vigoureuse, ils reçurent dans le dos une fusillade à laquelle ils étaient loin de s'attendre : c'étaient les carabiniers suisses qui, mal disposés en tirailleurs le long de la rivière, tiraient sur les troupes placées devant eux, c'est-

à-dire sur les zouaves et sur les chasseurs indigènes, en tirant sur l'ennemi. Pourquoi cette disposition en tirailleurs lorsque ce bataillon était en
seconde ligne et n'avait devant lui que des troupes
amies? Il y eut certainement là de l'ineptie sinon
de la trahison de la part de l'officier qui ordonna
cette disposition, et les chasseurs indigènes, qui
virent dans ce fait une revanche prise contre eux
du malheureux coup fourré de la nuit du 20 au 21
mai précédent, ne résistèrent pas à l'épreuve. Ils se
replièrent en désordre derrière la deuxième ligne.
Les zouaves, au contraire, sans se laisser ébranler
par cette fusillade inattendue, poursuivirent leur
marche et s'emparèrent de la ferme de Castelfidardo, après en avoir chassé les Piémontais. Le général de Lamoricière, qui voyait son but atteint en
partie par ce premier succès, puisqu'il avait attiré
l'attention de l'ennemi sur sa gauche, envoya l'ordre au convoi de passer à son tour le Musone au
point indiqué pour filer sur Ancône, et aux régiments étrangers de soutenir les zouaves qui seuls
combattaient courageusement, bien qu'ils ne fussent pas plus de deux cent quarante hommes.

Les régiments étrangers s'avançaient pour exécuter cet ordre, lorsque le 2ᵉ bataillon du 2ᵉ régiment étranger, sans même avoir entendu siffler une
balle, effrayé seulement par quelques boulets qui
passaient au-dessus de sa tête, s'enfuit lâchement,
officiers en tête, dans la direction de Lorette, sans

échanger un seul coup de feu avec l'ennemi, entraînant dans sa fuite le bataillon du 1er régiment et le bataillon des chasseurs indigènes placés derrière lui, paralysant ainsi la bonne volonté des bersaglieri autrichiens qui, disposés à combattre, firent tout ce qu'ils purent pour se maintenir au milieu de cette foule désordonnée qui finit par les entraîner avec elle.

L'exemple devint contagieux ; les gendarmes et le bataillon italien, chargés de protéger les bagages, s'empressèrent de le suivre, et, au lieu d'exécuter l'ordre du général en chef, c'est-à-dire de traverser le Musone pour se diriger sur Ancône, ils reprirent la route de Lorette avec les bagages que les soldats commencèrent à piller.

L'artillerie, dont six pièces seulement étaient en batterie sur une étroite chaussée, fut abandonnée par les conducteurs, qui s'enfuirent sur les chevaux, après avoir coupé les traits, laissant ainsi pièces et caissons. La section du lieutenant Daudet (deux pièces appartenant à la batterie étrangère), aidé du brave brigadier Wagner, resta seule en position, soutenant les intrépides zouaves, qui, groupés autour de la ferme, repoussaient encore l'ennemi par d'audacieuses charges à la baïonnette. Ce fut à ce moment que le brave général de Pimodan qui, blessé dès le commencement de l'action, n'avait pas cessé de payer de sa personne, fut atteint mortellement.

Une lutte si inégale ne pouvait durer longtemps. Le général de Lamoricière dut certainement passer en ce moment par des sentiments bien divers, et nous ne craignons pas de nous tromper en affirmant que si les devoirs imposés au général en chef n'avaient pas parlé plus haut que les entraînements de l'homme de cœur, il serait resté sur le champ de bataille avec ses jeunes zouaves, qui, bien qu'abandonnés par toute l'armée, soutenaient seuls une lutte héroïque contre un adversaire si supérieur en nombre. Mais le général en chef n'avait pas le droit de céder à ses entraînements personnels. Il avait encore des devoirs à remplir, et, comme à chaque minute perdue, l'ennemi gagnait une chance de plus de lui fermer le passage d'Ancône, où il était urgent qu'il pénétrât, il se décida à prendre lui-même cette direction, après avoir envoyé partout des officiers d'état-major pour ordonner qu'on profitât de la résistance désespérée des zouaves pour le rallier en toute hâte.

Ce fut en vain que le capitaine de Lorgeril et les volontaires à cheval de Montmarin et de Terves s'efforcèrent de faire exécuter cet ordre. L'un s'égara, l'autre vit sa voix méconnue par les soldats, qui s'obstinèrent à retourner vers Lorette; le troisième, chargé de rallier la cavalerie, la chercha vainement. Les dragons de la nouvelle organisation prouvèrent ce jour-là qu'ils ne ressemblaient guère aux anciens dragons qu'ils avaient rempla-

cés et dont ils n'avaient pris que le nom. Dès le
début, un des escadrons de ce régiment, qui formait la tête de colonne de la cavalerie, avait refusé
de marcher à l'ennemi et était allé tout simplement
prendre position en arrière pour se mettre à l'abri
du feu des Piémontais. Le second escadron du
même corps, mieux défilé, était resté en position,
maintenu par son capitaine, mais en refusant aussi
de charger, si bien que, lorsque survint la débâcle,
les fuyards n'eurent pas de peine à entraîner ces
deux escadrons.

Les volontaires à cheval, fort peu nombreux en
raison des emprunts qu'on leur faisait pour le service de l'état-major, mais aussi braves qu'inexpé-
rimentés, n'avaient pas suivi le triste exemple que
leur avait donné les dragons, et s'étaient con-
tentés d'aller se placer dans une vigne en contre-
bas, où les balles piémontaises ne pouvaient les atteindre, sans prendre toutefois la précaution de se
faire éclairer par des védettes. Il en résulta que
l'officier chargé de leur porter l'ordre du général
en chef ne les trouva pas, et que le soir, mais le
soir seulement, ils rentrèrent à Lorette après être
restés toute la journée dans la même position, sans
avoir reçu communication de l'ordre de ralliement
du général en chef. Quelques chevau-légers et trois
cent cinquante hommes environ des régiments
étrangers, groupés autour du drapeau porté par le
capitaine Delpech, rejoignirent seuls l'état-major;

9.

mais ces débris de l'armée pontificale étaient encore destinés à être réduits. On avait à peine traversé le Musone et on se disposait à pénétrer dans
le chemin de traverse, lorsqu'on fut accueilli par
un feu d'écharpe auquel quelques hommes seulement répondirent, et aussitôt presque tous ces mercenaires, ayant en tête le major Duplanquier qui
les commandait, se dirigèrent en désordre vers
l'ennemi, auquel ils allèrent se rendre sans coup
férir. Quatre-vingts hommes de cœur tout au plus
restèrent encore autour du général en chef. Ce fut
avec cette piteuse escorte qu'il parvint à Ancône,
où il n'entra que de nuit, et où il trouva le général
de Courten, qui lui aussi s'y était jeté dès le 16 septembre, avec le 1er régiment indigène, et les 1er et
2e bersaglieri, après s'être fait jour à travers l'ennemi.

XXIV

Tel fut le combat de Castelfidardo, qui ne fut
autre chose que la lutte de deux cent cinquante
braves contre des ennemis dont le nombre est porté
à deux mille par les bulletins piémontais et à dix
mille par les bulletins pontificaux ; car les Suisses,
dont la fuite honteuse avait entraîné le reste de
l'armée, avaient commencé à se débander trois
quarts d'heure environ après l'ouverture du feu,

et l'affaire, en tout, n'avait pas duré plus de deux heures.

De tout le matériel de l'armée, on ne put sauver qu'une section de deux pièces de la batterie étrangère et la voiture personnelle du général en chef, grâce à l'intelligence du lieutenant Uhde, qui, au lieu de les ramener à Lorette, les dirigea sur Porto-Recanati, où il trouva moyen de s'embarquer, avec la voiture et les canons, pour Ancône.

Deux jours après son arrivée dans cette ville, le général en chef fut obligé de ratifier la capitulation conclue par le colonel Gunden-Hoven, resté, par ancienneté de grade, commandant de l'armée rentrée à Lorette, capitulation par laquelle les troupes pontificales, fortes encore de quatre mille hommes environ, se rendaient à discrétion à l'ennemi. Cette capitulation fut conclue après avoir pris l'avis de tous les chefs de corps, parmi lesquels figurait le major Becdelièvre, commandant des zouaves, qui, la veille, avait toujours combattu à la tête de son petit bataillon. Il fut le seul qui se prononça pour une résistance qui était, après tout, possible dans une ville murée comme Lorette, et qui, dans tous les cas, aurait sauvé l'honneur du drapeau. Mais son avis fut écarté.

Ce qu'il y a de triste à constater, c'est que toutes ces défaillances, loin d'être l'effet d'une panique passagère, se manifestèrent, au contraire, de la manière la plus générale sur tous les points à la fois, et ce qu'on apprenait chaque jour démontrait combien était peu fondée la confiance qu'on avait placée dans cette armée, composée en grande partie d'éléments étrangers.

Si le colonel Zappi, à Pesaro, avec quelques Autrichiens, si le major O'Reilly, à Spolète, avec trois cents Irlandais et les éclopés de la brigade Pimodan s'étaient bien défendus, on avait vu le capitaine du Nord abandonner successivement avec sa troupe Orvieto, Montefiascone et Viterbe, sur les seules observations des municipalités. On avait vu aussi, dans la citadelle de Pérouse, qui était en bon état de défense et bien approvisionnée, le général Schmid capituler avec une garnison de quinze cents hommes, lorsque le service de la place n'en exigeait que quatre cents, et prendre cette détermination après s'être contenté de supporter un feu insignifiant pendant trois heures, sans même que la tranchée fût ouverte, en s'excusant sur l'indiscipline manifestée par les soldats du 1er bataillon du 1er étranger. A Ancône même, le général en chef fut obligé de retirer aux débris des régiments suisses placés sous les ordres du capitaine Castellaz, les postes qu'il leur avait confiés, et lorsque ce brave officier, vivement affecté de ce manque de confiance, voulut réclamer l'honneur de tenter un coup de main à la tête de ces mêmes hommes, ce qui lui fut accordé, il eut la douleur de se voir abandonné en chemin par ces tristes soldats, dont

il avait cru pouvoir répondre, à l'exception de trois
ou quatre qui se dévouèrent pour empêcher leur
chef d'être fait prisonnier.

Malgré tout, la place d'Ancône eût été en état
de résister quelque temps, grâce à la bonne conte-
nance des Autrichiens et de l'artillerie, si les vivres n'avaient pas manqué et si la ville n'avait pas
été attaquée par mer comme par terre. Dans la
prévision d'un siége, le général avait bien donné
l'ordre, depuis longtemps, de passer des mar-
chés d'approvisionnement; mais ou ces ressources
avaient été dissipées, ou les fournitures, adjugées
à des partisans notoires du mouvement révolutionnaire, n'avaient pas été faites ; ce qu'il y a de certain, c'est que tous les magasins étaient vides. Un
moulin, dont la construction devait être achevée le
15 septembre, ne tournait pas le 19, et il y avait
certainement négligence, car le général fut à peine
arrivé à Ancône, qu'on trouva le moyen de faire
marcher ce moulin au bout de trente-six heures.
Pourquoi donc n'avait-on pu le faire marcher plus
tôt? Un accident de guerre activa la reddition de
la place. Les Piémontais ayant réussi à faire sauter
un magasin à poudre, cette explosion entraîna la
chute d'un mur qui soutenait les batteries du Laza-
ret, ainsi que la chaîne fermant l'entrée du port.
A la suite de cet événement, le général de Lamoricière se décida à accepter la capitulation qui lui
fut imposée par l'amiral Persano, avec lequel il

aima mieux traiter qu'avec le général Cialdini. Les conditions furent celles qui avaient été imposées partout ailleurs. Le général, son état-major et la garnison devaient être prisonniers de guerre, de sorte que de toute l'armée confiée au général français par le Saint-Père il ne restait absolument rien.

Notre tâche est terminée; nous ne croyons pas avoir besoin de donner une conclusion à ce travail, où nous nous sommes efforcé de laisser toujours parler les faits. Si cependant on nous demandait ce que nous avons voulu prouver, nous dirions que, selon nous, M. de Mérode a fait le plus grand tort au gouvernement pontifical, en cherchant à créer une armée romaine avec des éléments et des principes tels que ceux sur lesquels il a cherché à s'appuyer; mais, qu'en se plaçant à son point de vue, il est impossible de ne pas reconnaître que, pour accomplir la tâche qu'il avait entreprise, il a fait preuve d'une habileté égale à sa persévérance, et que s'il n'a pas réussi, cela tient surtout à son point de départ.

Quant au général de Lamoricière, il y aurait vraiment de l'injustice à faire retomber sur lui la responsabilité de l'échec qu'il a éprouvé. Il est certain, en effet, qu'il a tiré des éléments mis à sa disposition tout le parti qu'on pouvait en tirer, mais il ne dépendait pas de lui qu'ils fussent ce qu'ils n'étaient pas.

Son seul tort, selon nous, a été de n'avoir pas

compris, dès le principe, que pour improviser une armée comme celle qu'il avait à improviser, les petites passions humaines ne peuvent remplacer la foi qui se dévoue; que cette foi, inséparable de l'abnégation, est la seule vraie, la seule efficace, et que dans ce siècle d'indifférence, si bien défini par Lamennais dans ses beaux jours, le prestige d'un nom militaire, quel que soit son éclat, ne suffit pas pour ressusciter ce qui a cessé d'être.

FIN

Paris, imp. de L. Tinterlin, rue Neuve-des-Bons-Enfants, 3,